支倉常長
慶長遣欧使節の真相

肖像画に秘められた実像

大泉光一［著］
Oizumi Koichi

雄山閣

まえがき　―本書のねらい―

平成十三（二〇〇一）年四月、文化審議会は、江戸時代初期に仙台藩主の伊達政宗が家臣団をヨーロッパに派遣した「慶長遣欧使節」に関する歴史資料（仙台市博物館所蔵）を「国宝」に指定するよう文部科学大臣に答申し、同年六月下旬に正式に指定された。

これらの歴史資料の国宝指定は、キリシタン史や日欧交渉史の研究上、資料価値が高いという理由からである。とくに「支倉六右衛門常長」（以下、支倉常長）の半身肖像画（縦八〇・八センチ、横六四・五センチ、キャンバス油彩）は、ローマのカヴァッツァ伯爵所蔵の通称支倉常長像といわれている「日本人武士像」（縦一九六センチ、横一四六センチ、布、油彩）と共に慶長遣欧使節研究で、一部の研究者によって美術作品の観察（色彩と形態など）から歴史像を描く材料として使用されている。たしかに近年、絵巻・肖像画などの絵画を史料として歴史上の出来事、人物像、社会現象、文化を読み解く試みが進んでいる。

しかしながら筆者は、国宝に指定された「支倉常長半身肖像画」とローマのカヴァッツァ伯爵所蔵の「日本人武士像」（通称支倉常長全身像）の信憑性について、二十数年間に及ぶ研究の結果、これらの絵画に後世の加筆・改作（すでにできている作品に手を加え作り直すこと）疑惑があることを強く指摘し、一部の研究者による慶長遣欧使節に関する美術史分野における独善的研究に対して批判的な見解を示してきた。仮にこれらの肖像画に後世、第三者によって実際に手が加えられたとしたならば、原画離れによってそれらは実像ではなく虚像となり、そこから客観的な歴史像を見出すことは不可能となり、支倉常長の歴史的な評価がまったく異なってしまうのである。

筆者が「支倉半身肖像画」に対する加筆・改作の疑惑をさらに強めたのは、一九八九年二月、国立国会図書館で『支倉六右衛門常長齎帰品寶物寫眞』（昭和三年発行）という「古写真」を発見してからである。本文で詳述するが、この「古写真」での支倉の容貌は、仙台市博物館に所蔵されている「現存画」とは対照的で、頬がこけていて、鼻が極めて低く扁平であり、四角張った浅黒い顔である。こうした支倉の容貌は、海外（イタリアおよびフランス）史料に記録されている支倉常長の容貌の特徴とすべて合致する。この絵画の「古写真」を観察すると、支倉自身の顔の表情などからヨーロッパにおける旅の苦労が滲み出ているのである。

支倉が健康を犠牲にしてまでも懸命にその使命を果たそうとした並々ならぬ努力と忍耐力は高く評価される。しかしながら、そのことにより「悲劇の使節」を「栄光の使節」と手放しで称賛してしまうことは事実の本質を曖昧にしてしまって歴史を美化することに繋がってしまうのである。失敗や悲惨な状態だった事実を直視しかつ謙虚に受け止め、そこから教訓を学ばなければ何ら発展しないのである。

筆者は支倉が当時はほとんど未知であった異郷において、主君伊達政宗から命じられた任務を果たすため七年余の間、健康を犠牲にしながら命をかけて働いた忍耐力（精神力）と実直で忠実な生き方に憧れて彼の研究を続けているのである。そして長男には長年の思いを込めて「常長」と命名したのである。したがって、これまで筆者が上梓した慶長遣欧使節関係書で、支倉常長の人物や業績そのものを批判しているのではなく、悲運の人を英雄とするためにその肖像画を加筆・改作するという後世の研究者の不誠実さとそれを可能にするわが国の歴史学界の温床をきわめて実証主義的アプローチから批判しているのである。歴史学者の主観により美化され歪曲された歴史が真の史実として浸透し、時には常識になることの危険性と、虚の部分を充足させるために歪曲された歴史には何の意義も、学ぶべき教訓も見出すことは出来ないのである。

ところで、わが国においてこれまでに出版された「支倉常長」および「慶長遣欧使節」に関する書物の内容は、村上直次郎の『大日本史料』第十二編之十二、シピオーネ・アマチ編の『伊達政宗遣使録』、ロレンソ・ペレス著の『ベアト・ルイス・ソテーロ伝』の三冊を主に引用して書かれたものであり、各々の著者が海外の公文書館や図書館などにおいて関係文書を自ら採録して翻刻・翻訳した新史料の紹介は極めて少ない。とりわけ、既刊書で多くを引用しているアマチの『伊達政宗遣使録』の前半部はアマチが直接取材して書いたのではなく、使節の陰の大使と言われたフランシスコ修道会のルイス・ソテロ神父から聞知したことを書き留めたものであり、荒唐無稽の記事が多く甚だしく信憑性に欠ける。『遣使録』に記述されている内容と日本にある公式記録およびスペインやメキシコの公文書館に保存されている文書の内容とまったく異なる部分があることから、ソテロがかなり誇張してアマチに語ったことが想像される。つまりアマチの「遣使録」は第一級の史料であるが、前半部についてはかなり史実（真実）とかけ離れている部分が散見されるので、各国の図書館や公文書館などに保存されている公式記録の内容と合致しているかどうかを確認してから引用すべきである。

筆者は一九九六年六月、学位請求論文執筆のため、イエズス会本部付属総文書館（A・R・S・I）から特別な許可を得て、当時、仙台領内で布教活動をしていたイタリア出身のイエズス会宣教師ジェロニモ・デ・アンジェリス（一五六八〜一六二三年）が、一六二〇（元和六）年十一月三〇日および十二月発信で、ローマのイエズス会総長ムーティオ・ヴィテレスキ（一六一五〜一六四五年まで在任）に宛てた五通の「慶長遣欧使節」関連の書簡のマイクロフィルムを入手した。これらの日本語混じりのポルトガル語書簡（Documentos dos Jesuitas no Japão, provenientes de Roma, ARSI-Archivium Romanum Societatis Iesu, Jap., Sin 34, Documento No,1~5, ff,26~43v, 1617~1622）はいずれも破損が激しいうえに、癖のある難解な字体で書かれているが、筆者が東西の学界を通して初めて完全な翻刻および日本語訳を完成させた。（五通のアンジェリス書簡の原文および翻刻・日本語訳は、拙著『支倉六右衛門常長—慶長遣欧使節を巡る学際的研究—』〈一九九九年、文眞堂刊〉の参照を乞う。）

本書の意図は、まず第一部では、「悲劇の使節」とか「栄光の使節」といった従来の支倉像の先入観にとらわれることなく、これまで刊行した筆者の「慶長遣欧使節」関連書でまだ紹介していない新事実を、前述のジェロニモ・デ・アンジェリス書簡を中心に、四〇年以上の歳月を費やしてメキシコ、スペイン、イタリアの公文書館、教会、図書館などで自ら採録した豊富な原史料そのものに語らせることで、支倉常長使節団による日本とスペインの外交関係の一時代の歴史を読者に提供するものである。

次に第二部で、冒頭に指摘した国宝「支倉常長半身肖像画」（仙台市博物館所蔵）およびローマ・カヴァッツァ伯所蔵の通称「支倉常長全身像」に隠された秘密を明らかにし、当該使節の真実を追究し、支倉常長の再評価を行うことである。

二〇〇五年三月

日西交渉史関連文書の採録調査中のスペイン国マドリード市にて

著者識す

＊伊達藩の公式記録「知行割目録」（知行充行状）に「支倉六右衛門」と記されており、また、海外に現存している自筆文書にはすべて「支倉六右衛門長経」とあるので、これを正しい姓氏名と認めるべきである。しかしながら、一般には「支倉常長」の姓氏名で広く知られているので、本書では「支倉常長」を原則として用いることにする。

＊凡例

A. G. I. = Archivo General de Indias（インド関係総文書館所蔵文書）
A. M. S. = Archivo Municipal de Sevilla（セヴィリャ市文書館所蔵文書）
A. G. S. = Archivo General de Simancas（シマンカス総文書館所蔵文書）
A. G. N. = Archivo General de la Nación（メキシコ国立公文書館所蔵文書）
A. R. S. I. = Archivium Romanum Societatis Iesu（ローマ・イエズス会本部付属総文書館所蔵文書）
B.A.V. = Biblioteca Apostolica Vaticana（ローマ教皇庁ヴァティカン図書館所蔵文書）
A. S.V. = Archivio Segreto Vaticano（ヴァティカン機密文書館所蔵文書）
A. S.V. = Archivio Storico del Vicariato（ローマ教区歴史文書館所蔵文書）
A. S. G. = Archivio di Stato di Genova（ジェノヴァ国立文書館所蔵文書）
A. S.V. = Archivio di Stato di Venezia（ヴェネツィア国立文書館所蔵文書）
A. S. R. = Archivio di Stato di Roma（ローマ市国立文書館）
B. R. A. H. = Biblioteca de la Real Academia de la Historia（スペイン王立歴史アカデ

ミー図書館）

S.P.Q.R. A.P = Archivio Capitolino（ローマ市文書館所蔵文書）

B.N.E. = Biblioteca Nacional de España（スペイン国立図書館所蔵文書）

B. N. C. V. E. = Biblioteca Nazionale Centrale Vittorio Emanuele II（ローマ国立ヴィットリオ・エマヌエレ中央図書館所蔵文書）

支倉常長　慶長遣欧使節の真相―肖像画に秘められた実像―　目次

第II部　支倉常長肖像画をめぐる謎

序文　—慶長遣欧使節研究の特殊性と困難性—

慶長遣欧使節関連の史料は、キリシタン禁教令の影響で大半が抹消されているためほとんど残っていない。そして何よりも惜しまれるのは、主人公の支倉常長が一六一三年十月に日本を出帆して一六二〇年八月に帰国するまでの約七年間に及ぶ旅の記録を綴った「覚書」大小十九冊すべてが紛失してしまったことである。これらの「覚書」の存在こそ、あの使節団をめぐる多くの謎を解く有力な鍵を内包していたはずである。

これらの「覚書」十九冊は、宮城県に引き渡される直前まで二百五十年間、伊達藩の評定所（現在の裁判所）で大切に保存されていたものである。これらの書物について、大槻文彦博士は『金城秘韞《きんじょうひうん》』の「帰朝常長道具考略」の中で、祖父の蘭学者大槻玄澤（磐水）の遺稿を引用して次のように述べている。

日本紙へ認めたるものなりこれは「六右衛門等覚書聞書」と見ゆるかな本なり法教の事にや草卒の際取りあげ讀みても見ずしかも讀みても解すべきものにもあるまじ併し熟覧しない廻歴せしの事等の荒増い知るべきか奇怪の事書きあつめしものとも見えたり。

文彦云此大小十九冊ノ書物今存セズ藩ノ評定所ヨリ縣ヘ引渡セシ時逸シタリト見ユ惜ムベキ限リナリ伝ヘ聞往時此切支丹道具ヲ一年一度虫干スルニ衆皆邪宗門ヲ憚リテ善クモ見ズ唯之ヲ陳べ之ヲ収ムルノミ況ヤ其書ヲクヲヤ祖翁ガ此記事モ甚ダ憚ル所アリテ記シタルガ如シ又支倉氏ガ呂宋より己ガ家ヘ送リシ手紙一片紙ノ今博物館ニ陳列シテアルモノヲ見ルニ成程仮名書キニテ讀ミ難キモノナリサレド遂ニ讀ミ解キ得ヌコトハアラジ此書冊モ今ニ存シテ能ク讀ミ分ケタラムニハ遣使ノ趣意ヨリ

当時ノ西洋ノ事情往来ノ紀行等大ニ知リ得ル所アラン西洋ノ教法家ニモ必用ナルコトアラム哀レ誰ニテモ今ニ所蔵セル者アラバ世ニ出ダセヨカシ中外ノ歴史教法ノ沿革等ニ就キテ一大考証ナラムモノヲ

大槻文彦氏は、支倉常長が旅をしながら和紙に認めた大小十九冊の書物（紀行文）が発見されれば、遺欧使節派遣の目的や当時の西洋諸国の事情を知ることができるのにと惜しんでいる。

これらの書物は維新後、仙台藩が宮城県に引き渡す寸前まで所在が確認されていたのである。大槻文彦氏は、さらに『金城秘韞補遺《ほい》』の中で、支倉の「覚書」の行方について

……、水澤ノ人小野淳亭（耶蘇教徒）ノ話ニ明治十二年頃、縣庁ヨリ、支倉ノ書類出デタリトテ、評判シ、何人カ持去リシト、語レリト云フ、故秋山恒太郎、宮城縣師範学校長タリシ時、縣庁ノ倉庫中ニ、支倉携帯品ノ残余アラムカト、遍ク探リタレド、何モ無カリシト、云ヘリ、旧藩士故増田繁幸、三百年前ノ羅甸語ノ板表紙「バイブル」一冊（紙少シ不足シタリト云）ヲ蔵セリト聞キ支倉ノ手帳十九冊ノ中ノモノカト思ヒ、繁幸死後、遺族ニ捜索ヲ託セシカド、遂ニ見当ラズト答ヘタリ、

と、述べている。つまり明治十二年頃キリスト教徒の小野淳亭氏が、何人《なんぴと》かが支倉の「覚書」を県庁から持ち去ったと証言している。何人とは誰を指しているのであろうか。二百五十年近くも評定所で厳重に保管されていたものを、一個人が許可なしで勝手に十九冊全部を外部に持ち出したということは到底考えられない。伊達藩の旧藩士たちが

組織的に、支倉将来品のうちこれらの書物だけは、県庁（新政府）側に引き渡さないで、どこか秘密の場所（旧藩の重役の自宅など）に隠匿したか、或いは焼却処分してしまったのではなかろうか。その根拠として考えられることは、「覚書」の内容が、支倉ら使節一行の苦悶した旅の様子や、極秘扱いであったエスパニア国王およびローマ教皇らとの交渉内容など不都合なことが生々しく綴られていて、そうした内容が、新政府や世間に広く知れ渡ることになれば、支倉らをヨーロッパに派遣した藩祖伊達政宗の威信に関わることであると判断したからと推測される。したがって、旧藩士の子孫の所有する土蔵や倉庫などに保管されている可能性も否定できないが、焼却処分されている可能性の方が濃厚といえよう。いずれにせよ、『伊達治家記録』や『寛政重修諸家譜』など伊達家の公文書に使節派遣に関する概要について簡単に記述されているが、これら十九冊の「覚書」が発見されない限り、当該使節の真実を知ることは極めて困難なことである。したがって、メキシコ、スペイン、イタリアなどの文書館や図書館などで眠っている新史料に依存しない限りその真相を知ることはできないのである。

慶長遣欧使節研究には、通常の歴史研究に求められる専門知識以外に、次のような特別の知識が求められるのである。

① カトリック教会とその教義・信仰に関する十分な知識

② ロマンス語（スペイン語、ラテン語、イタリア語、ポルトガル語、フランス語）の古文書学（paleografía）の高度の学識（とくに難解な古文書の翻刻及び翻訳能力）

③ 国際的識見と冷静かつ客観的な判断力

④　関係諸国の識者や諸機関との厚い交誼

これら四点のうち、特に、①に関して多くの研究者や作家諸氏は日本人に馴染みがないからという理由からか、カトリックの聖職者の「通常服（スータン）」を「僧侶の僧服」、「宣教師」を「僧侶（出家して仏道を修行する人）」、「修道女」を「尼僧（出家した女性、女性の僧）」、「修道士」を「修道僧（仏僧）」、「ローマ教皇」を「ローマ法王（仏法の王、すなわち釈迦のこと）」、「告解（カトリックにおける七つの秘蹟の一つであり、洗礼によって入信し、原罪を贖われた信徒が、洗礼以後に犯してしまった罪を、司祭を通して神に告白し、悔い改め、赦された身として新生すること）」を「告白」というように、カトリック教会用語を周知の仏教用語に置き換えている。しかしながら、カトリック教会により一定の概念規定がなされている以上、たとえ慣用的に用いられている概念であっても、本来その曖昧な使用は許されるはずがない。したがって、仮にカトリックに関する記述を仏教用語に当てて翻訳したならば、その時点でその研究者のカトリックに対する理解度や知識レベルが露呈することに繋がるのである。

また、カトリックの各修道会を「アウグスチノ派」、「ドミニコ派」、「フランチェスコ（フランシスコ）派」、「ベネディクト派」というように「宗派」として認識しているようだが、このような表現は正しくない。カトリック教会の種々の修道会は、元々教理を異にする「宗派」ではなく、それぞれに違った修養の団体であり、原則として敵対関係は全くない。したがって、このような場合は、「ドミニコ会」、「フランシスコ会」と記すべきである。ただ、時々その修道会の違った性格や方針のため何らかの対立や衝突の起こる可能性もあるが、それはあくまでも教理の本質に関することではなく、見地の相違点や、やり方の違いから起こる問題である。こうした修道会同士の対立の例としては、十六・十七世紀に見られたイエズス会とフランシスコ会などがある。いずれにせよ、キリシタン研究に携わる者は、その教義、教会、信仰に関する知識を身に付け造詣を深める必要があるのはもちろんのこと、その研究成果が一般の人々に対する影響力を持つものであることをきちんと自覚する必要がある。

②の手書きのロマンス語の古文書の解読については、いくら現代ロマンス語が堪能であっても各国語の「古文書学」の翻刻技術を学ばない限り容易に解読できるものではない。メキシコ、スペイン、イタリア、ポルトガルなどの公文書館や図書館において古文書の翻刻作業を担当している学芸員は、地元の大学の歴史学部や大学院で古文書学(Paleografía)を専門に学んだ人たちである。

慶長遣欧使節関係の海外史料を解読するためには、当然のことながら古いロマンス語の翻刻および翻訳能力が必要となる。わが国の大学の研究者の中には、スペイン語やポルトガル語が読めれば特別に古文書学の翻刻技術を学ばなくてもくせや個々の筆跡に慣れると苦にならず、簡単に解読できる、と勘違いしている人が多いのである。

筆者の場合は、メキシコの学舎で研究を始めてから四〇年以上の間にメキシコ、スペイン、ポルトガル、イタリアなどの歴史学者やプロの翻刻家から直接指導を受けて翻刻技術に磨きをかけた。とりわけ留学、研究、銀行勤務と通算十五年間滞在したメキシコでは、非常勤研究員として在籍したメキシコ国立自治大学東洋研究所や公文書館の専門家からスペイン語古文書の翻刻技術のイロハから指導を受けた。このような次第につき、筆者にとっても決して容易ならざる取り組みであることゆえ、あえてそのように思うのである。

第Ⅰ部　使節一行の再評価

―使節派遣のいきさつと旅の真実―

第1章

伊達政宗の遺欧使節とは何か

第1節　出発までのいきさつ　―なぜ政宗は支倉常長をヨーロッパへ派遣したか―

1●政宗とソテロ神父の出会い

一六一三年十月二十八日（慶長十八年九月十五日）、仙台藩主・伊達政宗は家臣の支倉六右衛門長経（通称常長）を、ヌエバ・エスパニア（現在のメキシコ）との直接通商交渉を目的として、メキシコ経由でスペイン及びローマへ派遣した。一行は、日本人とスペイン人あわせて総勢一八〇人余り。この偉大な業績は「慶長遣欧使節」の名称で知られ、伊東マンショや千々石《ちぢわ》ミゲルらのいわゆる「天正遣欧少年使節」と並んで、日本の対外交渉史ならびにカトリック史上の画期的な事績として扱われる。

さて、戦国大名の伊達政宗は野心家として広く知られているが、関ヶ原の戦いで天下を統一した徳川家康と姻戚関係を結ぶために娘の五色姫を家康の六男松平忠輝に嫁がせた。政宗が海外に興味を持つようになった直接の動機は、フランシスコ修道会のフライ・ルイス・ソテロ神父との出会いからであった。その様子について、シピオーネ・アマチは『伊達政宗遣使録』（一六一五年刊）で次のように記している。

この時期に政宗の側室の一人で、外国人であるために特別な寵愛をうけていた者が病気になった。政宗が（宮廷中の名医による治療を受けさせたが、病状は変わらず悪いままだったので）フランシスコ会の神父たちは、彼らの教会の中に病院を持っており、そこでは一人の修道士があらゆる種類の疾病を治療しており、政宗の勘定奉行の妻が病に罹った際に、ペトロ・デ・ブルギーリョスと呼ばれる修道士によって健康を快復したという噂を聞き、ソテロ神父を呼びにやった。ソテロ神父はそのフランシスコ会修道院の院長であり、遣外管区長でもあるので、彼（ソテロ）から修道士に前述の病気の側室を治療しに行くように命じてもらいたかったのである。それでその修道士は参上して患者を治療した結果、我らの神の力によって彼女は快復したのであった。

政宗の喜びは大変なもので、ソテロ神父のお蔭と、その恩義、恩恵への礼として神父に金銀の延べ棒・絹の衣服と布地を送った。ところが、神父は聖職者たちの治療は利益のためではなく、ただ神の愛のために行ったもので、神による救いの道というものが分かってもらえるだけでよく、それ以外のこと、金銀や他のこの世の

（高価な）ものを受取ることは、彼らの宗教と聖職者の仕事ではないと言って、それらの贈物を受取ることを固辞した。このことに大変驚かれた政宗は、ソテロ神父と医者である修道士に会いたいと言った。そこで彼らは王（政宗）を訪問して、まず政宗の信認と彼への従順の印として（それが習慣であるので）贈物を持っていった。それらは五〇のパンと、三〇の白い蝋燭と三秤の丁子、三秤の胡椒だった。政宗はこれらの贈物を王宮の広間で大変な荘厳さをもってお供と共に受け取り、ソテロ神父が日本語も話せるのを喜び、われらの土地やわれらの法律や宗教などについてさまざまなことを尋ねた。そして神父のそれについての答えのことごとに非常に驚かれ、会食を用意させ、そこで政宗は彼の（政宗の）習慣に従って乾杯をしたがそれは大変な表敬の印であり、できる最大のことであり、ことに王侯や貴族が他の彼らと同格の人々に対して行うものであった。

政宗はそのときすでに奥州の領地へと帰ろうとしていた時で、神父は彼に奥州の国まで王を訪ねて行く許可を願い出た。王（政宗）は神父のこの要望を嬉しく思われ、自由に来られよとのことと、来たら神父に喜んで会うだろうと言った。

伊達政宗像（青葉城址）

2●政宗は本当にキリスト教の味方だったのか

政宗がソテロ神父と親交を結ぶようになったのは、ソテロが一六一〇年十月に政宗に再会するために仙台の青葉城を訪れてからである。

ソテロが政宗の館を訪ね食事を一緒にしながら懇談した様子について、前出のアマチの『遣使録』には次のように述べられている。

神父は宮殿（青葉城）にガラスの器三つと美味しいパンをもって伺い、それを王（政宗）は大変喜び、また神父の訪問と厚意に大変嬉しいという態度を示した。

政宗は（ソテロ）神父が食べることに謙虚であり、用心深く食べ、宴の御馳走の多くを固辞するのを見てその理由を知りたいという好奇心にかられたらしく、（ソテロ）神父になぜ魚は賞味するのに肉を食べないのかと聞いた。（ソテロ）神父は、われらが主、イエズス・キリストのご生誕と、神が人類の救済と罪の贖いのために、聖三位一体の第二ペルソナ《三位一体とは、神には父と子と聖霊なる三つのペルソナがあり、しかも神は一体である——これを三位一体の教義と言い、子はその第二ペルソナである。》に託身され給うた無限の御慈悲と寛大さを追憶し、かつ感謝するためにキリスト教の中では習慣になっている待降節（クリスマス前の四〇日間）と呼ばれる断食について、敬意と謙虚さをもって答えた。つまり、その時期の間フランシスコ修道会は断食をしたり肉や乳製品を控えたりするだけでなく、さらに他の贖罪《しょくざい》の勤めにより苦行をも努めると説明した。王（政宗）はこの主義を大変高貴なものと感じたので、このキリストのこの世への到来という奇跡的な出来事はいつのことであり、どのようであったのかをもっと知りたいという気持ちが沸き起こったのであった。（ソテロ）神父はそれに答えて、この天の言葉で表わせないような神秘と偉大なる秘密は、理性の光がほんの少ししかなくても神の万能の御力や驚くべき御業を、知性でわかるようにさせるための手段である郷里の秩序や多くの説教をまず先に知らなければならないと言った。それに対して王（政宗）は答えて、去る何年かの間に関係を持っていたので、ことにヨーロッパではすべてにおいて理性に対応する神の法を遵守しており、それについては何も聞く機会を持たなかったので、（ソテロ）神父がその法について、また、王（政宗）が長い間望んでいたことで、知性を助け魂の喜びを増すことのために神父が適当であると思う方法を教えてもらいたいと、強く望んだ。

この聖なる話題で宴は終わり、（ソテロ）神父は神に王（政宗）の固執と、自身の弱さを委ねた。

と、政宗がキリスト教に対して興味を示したことについて記されている。結局、ソテロは、一六一〇年十一月十八日、青葉城で政宗に対しキリスト教の教義（公教要理）について説教する機会を得たのである。

アマチによると、政宗はソテロの説教を聴いて、「実際に現世では神を信じその規律を守った者の魂は天の恵みを享受できる来世があり、この救いと生活の道を求めない者は地獄に落ちるという結論に至った」ということであるが、政宗が本当にこのようにキリスト教の教義を理解したのかどうか疑問である。

また政宗は、

私は、光の中に居りながらその光を受けることができないので、尊師（ソテロ）の申されたことにより、私の心は悲しんでおります。もし親族および友人の憎しみをかう怖れがなければ、皇帝（将軍）になる機会を失おうとも、必ずキリスト教徒になるのですが、今それができないのは残念です。したがって、このつらい立場にある間、心の中で神を礼拝し、受洗しないでいるので、神の怒りをかわないためにも、家臣が皆キリスト教徒になるよう努めましょう。

と言ったとアマチは述べている。

しかしながら、当時、仙台領内で布教活動をしていたイエズス会士ジェロニモ・デ・アンジェリス神父が、一六一九年十一月三〇日付でローマのイエズス会本部総長に書き送った報告書に、遣欧使節派遣の担当者であった後藤寿庵が語ったこととして「政宗のキリスト教信仰について」次のような否定的見解を述べ、

ローマやエスパニアで述べられたこと、すなわち、政宗は（キリスト教の）洗礼志願者であり、やがてそれ（洗礼）を受けるであろうというのはすべて偽りである。なぜなら、彼（政宗）は決してそのような考えを抱いたことはなく、むしろ現世があるのみで、（来世の）救いはないと考えているからである。……、今後、政宗が意を翻してキリシタンになるか否か私には分からないが、彼は今ある正義に則ってそれを実行しそうにはない。（A. R. S. I., Jap. Sin, 34, Documento No. 1-5, F. 31）

と、厳しく非難している。

また、イエズス会のジョアン・バプティスタ・ポルポ神父が、大坂冬の陣の戦いで、長崎に逃れるため京都の近くにあった伊達政宗の陣屋に、命からがら救命を嘆願した。その際、小姓を通じての政宗の返事は「キリシタンでさえなければ簡単に助けてやれるんだが」というもので、拒否されたと、書き残している。(J. Murdoch, A History of Japan (1542-1651) P. 595 & L. Pages, "Histoire")

これら二人のイエズス会士の証言から判断すると、政宗は決してキリシタンの洗礼志願者でもなければ、擁護者でもなかったことが分かる。

さらに、アマチの『遣使録』には、

> 一六一一年十一月二十三日、(伊達政宗の) 支配下の全領国においてキリスト教が弘められ、何人といえども望む者は信徒となることを認める旨の布告を、館の各出入口に掲げさせた

と述べられている。だが、政宗の明確な命令および布告によって領民に洗礼を受けさせようとした記録はどこにも存在しない。これはソテロが誇張して話したことをアマチがそのまま記録として書き残したのであろう。

3●ビスカイノ司令官、政宗を訪問

一六一一年六月に、日本の北部地域に存在すると伝えられる金銀島発見のためと、前年、ドン・ロドリゴ・デ・ビベロと一緒に、日本からヌエバ・エスパニア(現在のメキ

シコ）に渡った田中勝介使節団のメンバーを送還し、さらに、エスパニア国王陛下の命によりドン・ロドリゴに貸与された銀を返納し、エスパニア国王が買受けた「サン・ブエナベントゥーラ号」の代金を届けるために、来日したスペイン国王ドン・フェリッペ三世およびヌエバ・エスパニア副王サリナス・デ・グアダルカサール侯爵の使節兼司令官セバスティアン・ビスカイノ一行が浦川（浦賀）港に到着した。ビスカイノ司令官一行は、直ちに家康と将軍秀忠に謁見した後、幕府から全国沿岸の港湾測量のための朱印状を交付された。

一六一一年十一月十日、ビスカイノは青葉城で政宗に謁見し、領内の三陸沖沿いの港の測量許可を与えてもらった。また、会見の席上、政宗はビスカイノに対して、「……領内に広くて良い港があれば、必ず厚遇するので、フィリピンおよびヌエバ・エスパニアからの船が来航するよう、さらにエスパニア国王と友好関係を結び、ヌエバ・エスパニア副王と通商交易を行いたい」と述べた。これに対しビスカイノは、当然のことながら、エスパニア国王の代理として平和と友好を約束し、提供されたものに謝意を表した。ビスカイノはさらに、国王陛下の名によって、フランシスコ修道会の宣教師に対し、政宗より与えられた好意と慈悲と愛を感謝し、キリスト教の教理について知るためにフランシスコ修道会のルイス・ソテロ神父を招いたことを高く評価し、フランシスコ修道会所属の聖職者は聖者で、この人たちほど天国への正しい案内人は他にない、と語った。また政宗が宣教師を領内に入れて家臣に聖福音を説くようにされたことは、何にも増し

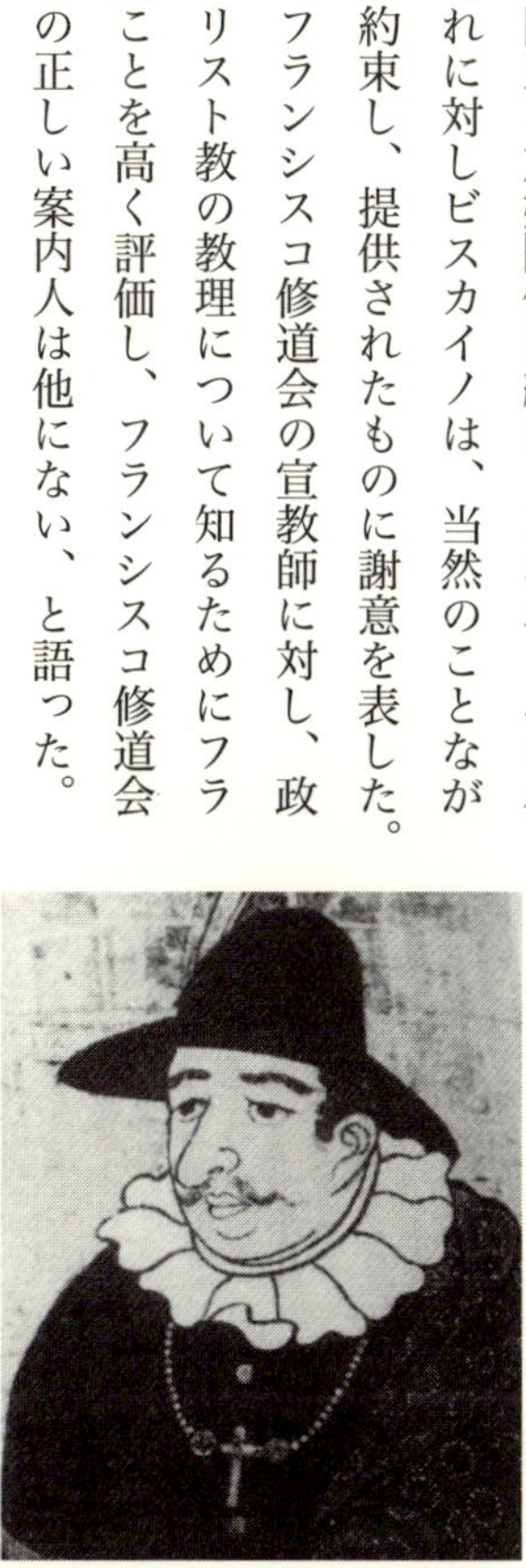
伝セバスティアン・ビスカイノ司令官

てエスパニア国王に喜びを与えることで、これにより平和は確固としたものになり永続するであろう、と言った。

その後、一六一二年一月二日、政宗は、江戸屋敷にビスカイノ司令官とルイス・ソテロを食事に招いた。政宗はビスカイノ司令官とルイス・ソテロ神父を大歓迎し、ソテロ神父とビスカイノ司令官に表した尊敬は言葉に言い尽くすことができないほどで、自ら料理と酒で持て成したのである。

さて、測量を終えたビスカイノは、一六一二年九月十六日サン・フランシスコ号で浦川を出帆し、金銀島探検の途についた。しかしながら、金銀島が航海図上に描かれている北緯三十四度付近に到着したが、何も発見することができなかった。そうこうするうち、十月十四日暴風雨に遭遇し、サン・フランシスコ号の船体に甚大な損傷を生じて航海困難な状態となり、航海を続けてアカプルコ港へ帰り着くのが不可能となり、やむなく浦川港に引き返したのである。

政宗は、ビスカイノ司令官にヌエバ・エスパニアへ使節を派遣するにあたって必要な船の建造と航海技術の手助けを依頼することを望み、そのため既に木材を伐採してあることを伝えた。そして、この船でヌエバ・エスパニアに帰ることを望むならば、快適な通行と便益を提供することを通知した。この政宗の要望をビスカイノは部下に諮り、アカプルコに戻るためにはこのほかに方法がないので、政宗の提案を受け入れ、航海士や乗組員の俸給および糧食の支給、航海中のエスパニア人および日本人の役割分担などに関する契約を交わした。(D.Vicente Riva Palacio, México a travéz de los Siglos, 1963, PP. 556~557)

第2節　遣欧使節派遣の意図

1●新史料アンジェリスの証言

筆者は一九七九年三月、留学時代から通算十五年間過ごしたメキシコから帰国し、日本大学国際関係学部に奉職するようになった。その頃から筆者の学位請求論文のテーマである「慶長遣欧使節」の研究で、わが国における南蛮学（キリシタン史）研究の第一人者松田毅一博士（当時京都外国語大学大学院教授）から本格的な指導を受けるようになった。ある日先生は筆者に対して《「慶長遣欧使節」の研究で学位を取得するには同使節団の真の派遣目的を解明することが不可欠である。そのためには君自身がローマのイエズス会本部の総文書館に保管されているジェロニモ・デ・アンジェリス師（Jeronimo de Angelis：1568~1623）の書簡の採録調査と、それらの書簡の解読をしなければならない》という難解な課題を与えて下さった。筆者はそれを遂行するため、早速イエズス会総文書館を訪れ、特別な許可を得て、アンジェリス師の「慶長遣欧使節」関連のポ

ルイス・デ・ベラスコ副王から徳川家康に送られたスペイン製枕時計（家康公使用）。金地院崇伝（本光国師）の『異国日記』に記されている（一五八一年製）。（久能山東照宮博物館所蔵）

ルトガル語書簡五通のマイクロフィルムを入手した。ただ、同書簡は破損が激しいうえに、癖のある難解な字体で書かれているため翻刻・翻訳作業が思うように進まず、すべて終えるまでに二年数ヶ月の年月を要した。

　このジェロニモ・デ・アンジェリスの書簡からまず、政宗の計画した使節派遣は、当初ヌエバ・エスパニアとの直接通商を開くためにヌエバ・エスパニアまでであり、エスパニアおよびローマへの使節派遣を決定したのは、政宗の船の建造が終わりにさしかかった出帆直前のことであったことが分かった。アンジェリスは、ソテロがヌエバ・エスパニアまでという当初の計画を変更し、エスパニアおよびローマへの使節派遣を政宗に迫った狙いは、自分が東日本司教になることだったため、どうしてもローマまで行って教皇に謁見し、その承諾を得る必要があったからと証言している。確かに、ソテロがこうした事情を最初から政宗に進言したのでは、ヌエバ・エスパニアとの直接通商交易を開始することを第一と考えていた政宗が、使節派遣計画を取りやめる恐れがあったことが理解される。したがって、それを十分承知していたソテロは、取り敢えずヌエバ・エスパニアまでの使節派遣で政宗の関心を引き付け、船の建造が終わりにさしかかり、政宗が後戻りできなくなった時点で、初めて計画の変更を提案したとアンジェリスは証言している。(A. R. S. I., Jap. Sin. 34, Documento No. 1-5, F. 31)

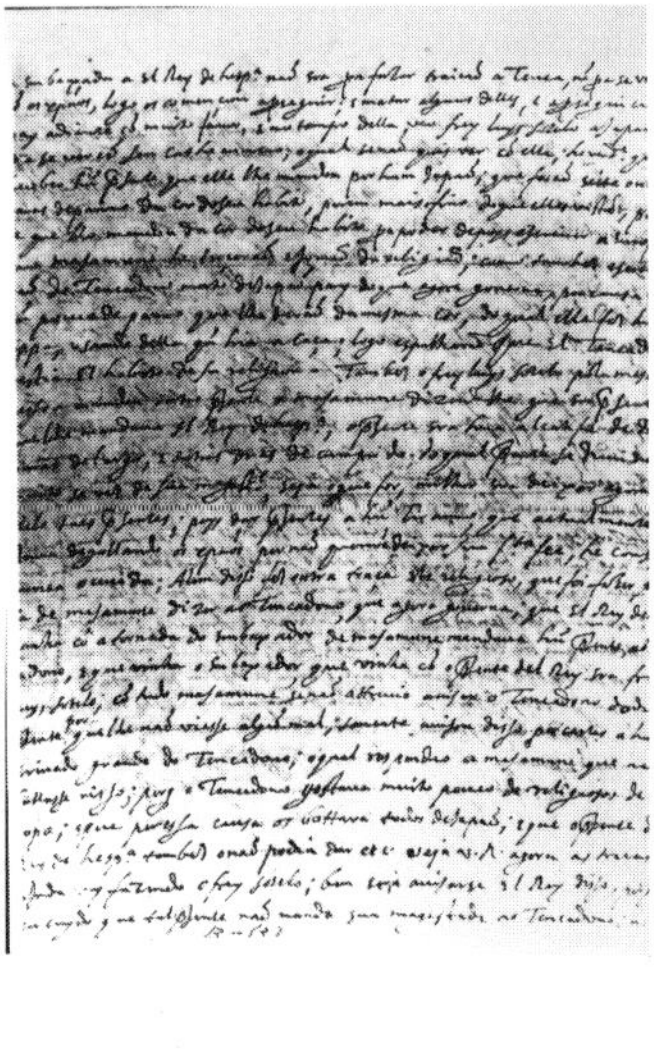

ジェロニモ・デ・アンジェリスの書簡
（ローマ・イエズス会本部附属総文書館所蔵）

結果として政宗は、ソテロのエスパニア本国およびローマ行きの提案を受け入れたわけであるが、アンジェリスの証言からその背景を考察してみると、まず、ソテロは使節派遣計画そのものの推進役であり、また使節の案内役兼交渉役として、余人をもって代え難き人物であった。つまり政宗にとって、自分の目的さえ叶えられれば使節の行き先がどこであろうが、あまり重要ではなかったのではないかと推察される。しかしながら、政宗はソテロが司教になるための個人的な野望を叶えさせるためにローマまで使節を派遣したとは到底考えられず、当然、ヌエバ・エスパニアとの直接通商交渉と宣教師の派遣要請という目的の裏に、後藤寿庵にも知らされなかった伊達藩とエスパニア本国との同盟締結という、もう一つの極秘の目的があったのではないかと推測される。

いずれにせよ、このアンジェリスの証言から政宗の意図は幕府が、かつて計画して実現できなかったヌエバ・エスパニアおよびエスパニア本国との通商交易を奥州―ヌエバ・エスパニア間の直接航路によって実現することにあったことが分かる。しかるに、ヌエバ・エスパニアおよびエスパニア本国との通商交易は商教一致主義が基本であったため、政宗はソテロのフランシスコ会の宣教師を招聘する計画を全面的に支持することによって、ローマ教皇およびエスパニア国王から好感を持って受け入れられるように取り計らったのではないかと推測される。

次に、アンジェリスは書状の中で支倉常長が大使に選ばれた経緯について（政宗が）大使任命したのは一人のあまり重要でない家臣であった。彼の父は数ヶ月前にある窃盗の罪で斬首（日本側史料では切腹）されていたが、今は大使に選んだその息子も日本の習慣に従って斬首（同追放）に処するつもりであり、……（略）。（政宗は）その死刑（同追放）を免じるかわりにエスパニアおよびローマまでの渡航の苦痛を味わう苦難に替える方が良いと判断した。（当人は）航海中に死ぬであろうと思われたが故に、彼を大使に任命し、召し上げた僅かな俸禄をも一応返した。

と、証言している。

それにしても無事に日本へ帰還することが一層困難になると予想し、異国の地に骨を埋めることになるかもしれないという点を考慮してのみ、支倉が選ばれたのであろうか。それとも他の特別な任務を課されて選任されたのであろうか。いずれの理由にせよ、世界の帝王たるエスパニア国王やローマ教皇を相手に綱渡りのような外交交渉を行う必要があるため、大局を見据える判断力と、腹のすわった決断力とを合わせ備えた人物でなければならなかったはずである。こうして誕生したのが支倉常長大使である。

2●支倉の生い立ちと前歴

大使に選ばれた支倉常長は、「支倉家譜」によると、元亀二（一五七一）年に米沢城主伊達輝宗の家臣山口飛騨守常成（一五四〇～一六〇〇年）の子として置賜《おきたま》郡立石郷（現在の山形県米沢市字立石）で生まれている。はじめ与市、のちに五郎左衛門、そして六右衛門と称した。天正五（一五七七）年に伯父支倉時正（紀伊守）（一五四一～一六一四年）の養子となった。天正十九（一五九一）年、九戸修理亮政実、稗貫備中守重綱などの乱に与市の名で出陣している。また、葛西大崎一揆の宮崎攻撃の時、伊達政宗の使者となった。この時は六右衛門と称している。「葛西真記録」に、

　文禄元年春葛西一揆之衆為御成敗、御代官屋代勘解由、山岸修理、支倉飛騨、同六右衛門、一ノ草、二ノ草通所為巡見……

と、記述されているが、支倉常長は、御代官屋代勘解由《かげゆ》や実父の山口飛騨らと共に、文禄元（一五九二）年春に葛西一揆衆成敗のため一ノ草、二ノ草通を巡回している。また、文禄元（一五九二）年一月、支倉紀伊時正とともに朝鮮への出陣を命じられた。このとき常長は御手《おて》明衆《あきしゅう》二十名の一人として政宗に従い渡海し戦功をあげた。帰国後胆沢《いさわ》郡小山村の内（現在の岩手県胆沢郡胆沢町）および加美郡一関村の内（現在の宮城県加美郡色麻町）を加恩地《かおんち》として賜わった。慶長元（一五九六）年、義父時正に二子助次郎が誕生したため伊達政宗の命により、千二百石の家禄のうち柴田郡支倉村（現宮城県柴田郡川崎町支倉）の六百石を分与され分家、支倉姓を名乗る。これにより支倉氏は、支倉、助次郎（後紀伊）、六右衛門の三家に分かれた。

　慶長五年九戸《くのへ》政実《まさざね》の反乱に際し白石七郎とともに敵方の領地に送り込まれ、街道筋の情報収集を命じられている。

　常長は分家を立てた前後に松尾木工と結婚し、二男一女をもうけた。長男常頼（初め勘三郎、父の死亡後襲名して六右衛門）は、切支丹の擁護者として、寛永十七年春、切腹を命じられた。また、常頼の弟権四郎常道は、切支丹信仰の故をもって、逃亡して行

方をくらました。こうした顚末があった後に常頼の子常信が、寛文八年六月、一旦断絶した支倉家を再興した。

　支倉常長は伊達政宗の命により七年間に渡ってヌエバ・エスパニアやヨーロッパを旅し、元和六年八月（一六二〇年九月）に帰国したが、二年後の元和八年七月一日（一六二二年八月七日）五十二歳で病死した。

【支倉常長および支倉氏の系譜】

山口常成（飛騨守）――**常長（六右衛門）**――常頼（勘三郎）――常信――常角（常盛）――盛清（宗家久常二男）――清風（六右衛門）――清隆――清次（宗家直清二男）――清成（金治）――清延（柳田七十郎繁定二男）――隆（鈴木節蔵三男）――正郎

養子
六右衛門
常長
（六〇〇石）

- 勘三郎
  常頼
  六〇〇石
  （後六右衛門を称す。光明寺にて切腹絶家）
  - - - 又兵衛
    常信
    五一石
    （寛文八年再興）
    ―― 常盛
    常角
- 権四郎
  常道
  （キリシタン出国。この罪により常頼切腹）

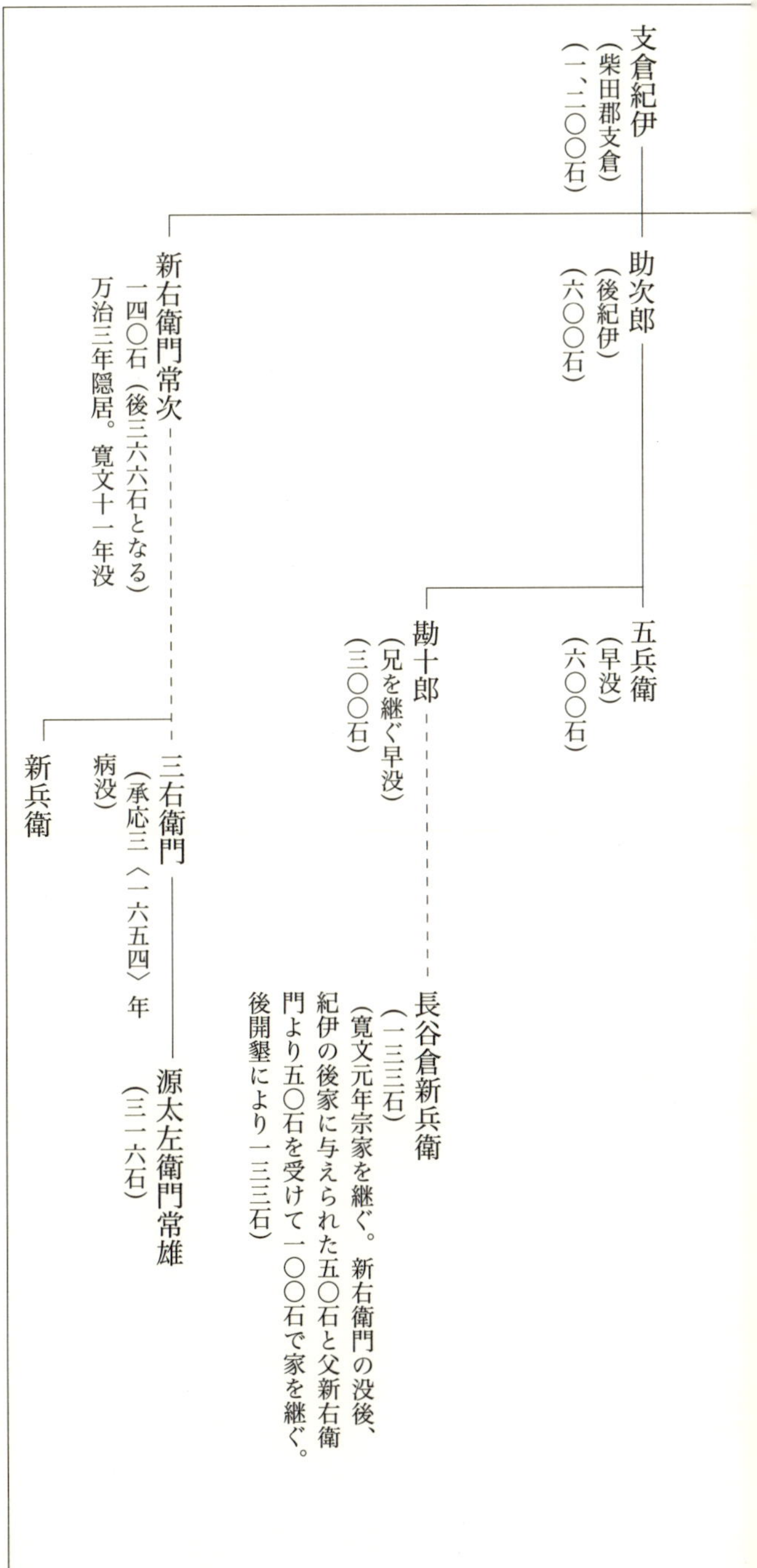

そもそも支倉常長の先祖は常陸千葉氏の支族で早く伊達氏に属し、伊達氏が常陸中村に居住していたころは中村にいたと言われる。頼朝の奥州攻めに従軍し、功績により支倉氏は信夫郡山口、伊達郡梁川、柴田郡支倉において計五百丁の田を与えられた。子孫紀伊は伊達政宗の時、支倉に移り千二百石を領し支倉氏を称した。

前にも述べたが、紀伊には子供がなかったので、六右衛門常長を養子とした。後に助次郎、新右衛門の次男・三男が生まれた。紀伊は六右衛門と助次郎に六百石づつを分け与え、助次郎は後に紀伊の名を継いだ。三男新右衛門は後に兄紀伊より百四十石を分け与えられ支倉家をたてた。

ところで、常長の人物像について書かれたものは国内には存在しないが、一六一四年十一月四日付けのスペイン国セビィリャ市のドン・フランシスコ・デ・ウアルテがインディアス顧問会議に宛てた書簡の中で、「大使（支倉）は、高貴で沈着、かつ有能、会話は丁寧で慎み深い人物に思われた。」（A. G. I., 67-6-1）と、高く評価している。

また、南フランスのカンペントラのアンガンペルティーヌ図書館所蔵文書及びパリの国立図書館所蔵のデュピュイ文書にある支倉常長のサン・トロペ滞在に関する記録を総合すると、支倉常長の態度はきわめて荘重で、立派であったため、当時のフランス人に好印象を与えていることが分かる。

さらに、「ジェノヴァ上院の議事録」（A. S. G., Ceremoniale, 2/475）では、「（支倉は）人格高潔で、抜け目が無い人物（Huomo di Garbo e di prudenza）」であると、高く評価されている。

3●遣欧使節派遣の目的はソテロの個人的策略

一六一七年十一月二十八日付けでアンジェリスがイエズス会本部宛に送った書簡によると、

（略）……当地で聞いたところによると、無事にヌエバ・エスパニアに渡った政宗のフネ（船）はさほど大きなシアワセ（Xiauaxe／仕合せ）を得なかったとのことである。もし、その話が真実ならば、政宗はこれまでのようにはキリシタンをヒイキ（Fiiqui／ひいき＝好意をもつ）にしないであろう。……（略）ソテロ師は使節に己の欲することを言わせたのであり、すべてはテンクッタコト（tencuttacoto／天を食ったこと）である。何となれば、政宗は決して使節を教皇とエスパニアに派遣することを夢見たのではなく、彼が望んだのは船をヌエバ・エスパニアに遣わすことだったからである。すなわち、ソテロ師が、もし教皇とエスパニア国王に使節を派遣して両人に司祭らを（日本に遣わすよう）求め、彼らを己の国に迎え入れると告げなければ、船はヌエバ・エスパニアに行くことができず、良きシアワセ（Xiauaxe）を得ることも、航海を続けることも叶わないであろうと言って政宗に懇願したからであって、トノ（Tono／殿）はそれを聞くと、フィレンツェ人ニコラオ・マキャヴェリ卿のように答えた。（総長は）同卿の話をご存じない故、（その話について）総長に述べましょう。

フィレンツェ人ニコラオ・マキャヴェリ卿はフランスにおいて、政治家らの間に異端を広めた人であった。異端とはすなわち、ゴショウ（goxo＝後生・来世の救い）も何も存在しないが、オモテムキ（vomotemuqi／表向き）はいかなる宗旨であれ俗世の地位を保つうえで助けとなる宗旨を信奉するのが良いというものであった。したがって、彼らが自ら臨終に立ったとき、秘蹟の下で（己を）育んでいなかったので、ある人々が塗油を受けるのがよいと勧めたところ、彼は「塗油とは何のためのものか」と答えた。その時、彼の友人が彼を見舞った。同人もまた彼のように異端者であったが、彼に塗油を受けさせるため次のような方法を用いた。すなわち、「もし塗油を受けなければ、人々はニコラオ卿について何と言うであろうか」といったのである。またガイブン（guaibum／外聞）を失うであろうからゴショウ（後生）はないが、ガイブン（外聞）のためには塗油を受けるのが良いとも言った。「汝のその方法によって予を導くか。然らば直ちに塗油と共に司祭を招き、頭から足まで油を塗ってもらいたい」と。政宗も同様であった。彼は使節を派遣することも、また政宗のために司祭らを招くことも望んでいなかったが、ソテロ師が（それでは）フネ（船）は進まず、好ましい結果を得ることができないと言ったので、政宗はカリクト（calicut／インドのカルカッタ）、また地の果てまで使節を遣わし、彼（ソテロ師）の欲することを（書状に）したためるであろうと言ったのである。ソテロ師がこの使節により求めているのは日本の大司教座と大司教の位を得ることであった。しかし、彼にとって、事はうまく運ばず、彼らのプロクラドール（代理人）たちが（ヨーロッパに）赴けたことにより彼らの計略は露顕した。彼（ソテロ師）が二度と日本に戻らぬことをデウスが嘉《よみ》し給わんことを。なぜなら、もし彼が（再び）来たならば、我らを大いに不快にさせ、我らが常にクジ（cujis

／訴訟）を携えねばならなくなるからである。……（略）

と述べている。

以上のように、アンジェリスはソテロが当該使節派遣に求めたのは日本の大司教座と大司教の位を得ることであったと断言し、イエズス会総長に対してソテロが二度と日本に戻らぬことを要請している。こうしたアンジェリスのソテロに対する批判はローマから日本に再入国しようとしたソテロをマニラに残留させる結果となった。それは、日本における使徒的活動で豊かな実りを刈り取っているイエズス会にとって、ソテロの存在は極度の緊張を生み出す結果を招く恐れがあるということで、ローマからの指示を受けたガルシア・セラノ・マニラ大司教が日本への帰還を認めなかったためである。

ところで、本文書の中に、「当地で聞いたところによると、使節一行がヌエバ・エスパニアにおいて仕合せではなかった」と書かれているが、アンジェリスはこうした情報を後藤寿安から入手したのであろう。こうした事実が支倉から政宗に正確に伝えられていたということは、支倉が渡航中にアカプルコ―マニラ間のエスパニアの定期便を利用して頻繁に政宗と連絡を取り合っていたことが裏付けられる。「仕合せではなかった」というのは、ヌエバ・エスパニアにおいて冷遇され、ヨーロッパ行きを断念して日本へ帰国しようとしたことなどが報告されたのであろう。

第3節

太平洋を渡り、メキシコへ

1● 副王に謁見し、家康、政宗の親書を渡す

一六一三年十月二十八日（慶長十八年九月十五日）、支倉常長とルイス・ソテロ、並びに百四十余名の日本人が「サン・ファン・バウティスタ号」でメキシコおよびスペインへ向けて宮城県牡鹿郡月ノ浦港を出帆し、翌年の一月二十五日にアカプルコに到着した。なお、当時のアカプルコ要塞司令官ペドロ・デ・モンロイがメキシコ副王に送った「日本船到着の通知」には、その到着は一月二十九日とある（A. G. N., Inquisición, vol. 293, fjs. 107-110.）。百四十余名の日本人乗客者の中には、のちにローマ政庁から公民権を与えられた尾張、摂津、京都、奥州出身の随員七人がいた。また、メキシコに集団で残留し、同国における日本人として最初の移住者として、現地で蓄財に成功した伊達藩士ルイス・デ・エンシオ（福地蔵人）なども加わっていた。そのほかは日本各地から集まった商人とキリシタン信仰者か求道者であった。

ヌエバ・エスパニア副王グアダルカサール侯爵から入国の許可を得た使節一行は、アカプルコ港からイグアラ経由でクエルナバカを通り、一六一四年三月二十四日、海抜二三〇〇メートルにあるメキシコ市に到着した。

使節一行はメキシコ市のカテドラルに隣接する政庁で副王に謁見し、伊達政宗からの

日本人使節団員一〇〇人以上が約一年間滞在した当時のアカプルコ港

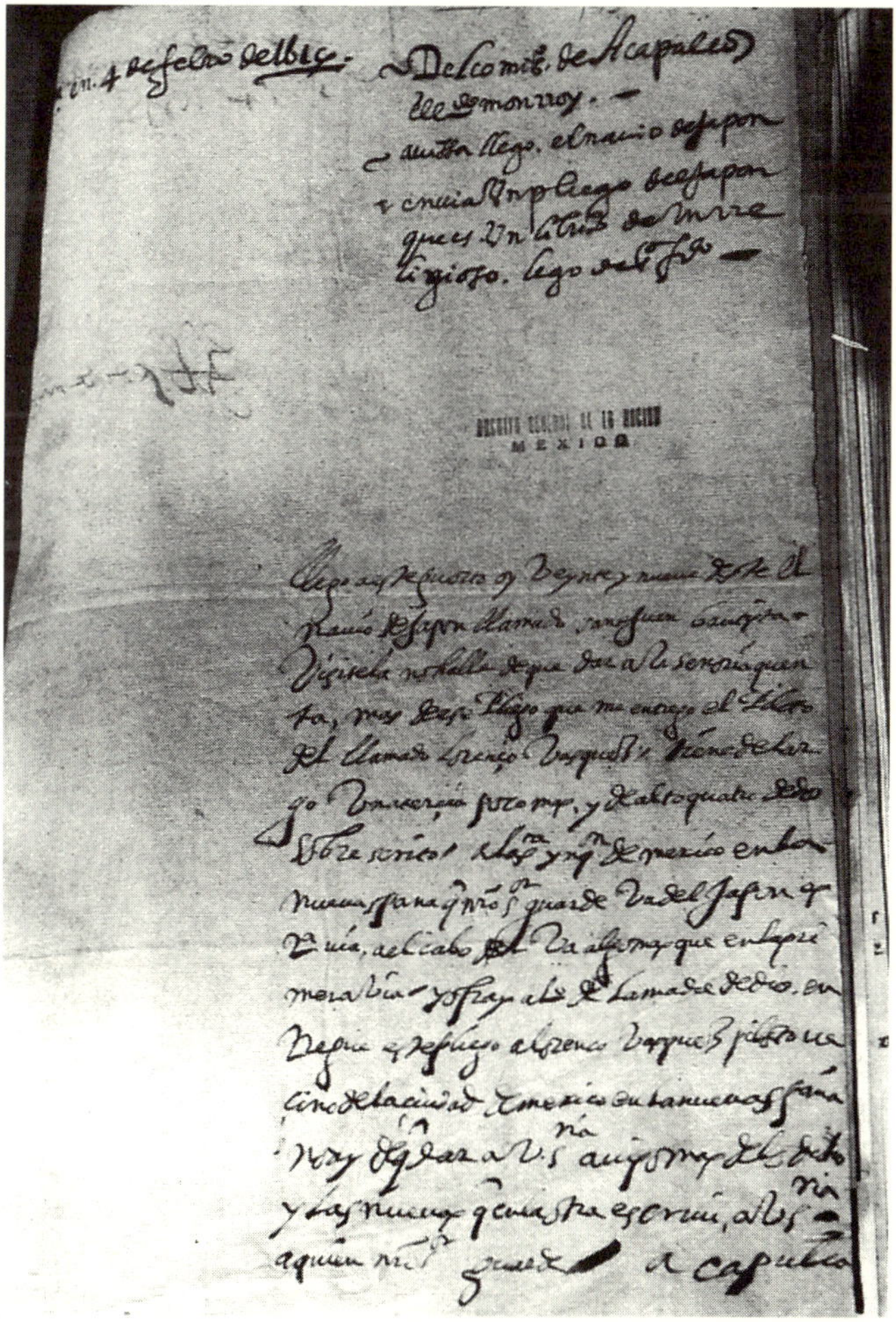

筆者が発見したアカプルコ港の要塞責任者ペドロ・デ・モンロイからヌエバ・エスパニア副王に宛てた日本船「サン・ファン・バウティスタ号」到着の報告書(Archivo General de la Nación. México所蔵)

書状と進物および徳川家康からの進物を手渡した。この政宗の書状では首席大使はルイス・ソテロであり、支倉は随行員となっている。また同伴した三名の侍とは支倉以外に今泉令史、松木忠作のことであろう。前にも述べたが、これら四名のメンバーによる「訪墨通商使節団」は幕府と伊達藩が共同で編成したものである。

なお、使節一行のヌエバ・エスパニア副王との会見の様子について、アマチの『遣使録』には、

使節一行は副王に厳粛な儀式の下で迎えられた。副王は使節一行と旅に関する話をし、大使に対して満足していることを表明した。そして大使に（エスパニア本国行きの）通行許可を与えた。しかし、大勢の随員を（エスパニア本国まで）連れて行くことに対して、経費面など困難な問題に直面したが、ほとんどの随行員をヌエバ・エスパニアに残留させることで解決した。大使はプエブラ・デ・ロス・アンヘレスに向かって我らの主イエズス・キリストの昇天祭（一六一四年五月八日）の日にメキシコ市を出発することを決めた。

と、副王が使節一行を歓迎して持て成したことが記述されている。

2●使節一行メキシコで冷遇され、一時、ヨーロッパ行きを断念

しかしながら、メキシコに現存している使節一行のヌエバ・エスパニア滞在に関する公式記録「メキシコの統治者」には、

副王は両国間の相互通商交易を確立する目的でメキシコを通過した日本の大使を迎え入れた。しかし日本がキリスト教徒の迫害を行ったため、何ら成果をあげることができなかった。(Manuel Rivera, Los Gobernantes de México, Tomo 1.1872, P. 104)と、簡単に記録されているだけで、アマチの『遣使録』に述べられているような副王が使節一行を大歓迎したという事実はまったく見当たらない。

ヌエバ・エスパニアにおいて使節一行が優遇されなかった理由は、まず、日本国内において幕府によるキリシタン迫害が行われている情報が既に伝わっていたためである。また同時に、セバスティアン・ビスカイノ司令官が、ソテロ神父や使節の目的に関して副王に否定的に報告したためである。

このように支倉常長ら使節一行は、ヌエバ・エスパニアにおいて歓迎されるどころかかなり冷遇され、一時、ヨーロッパ行きを断念して日本へ帰国しようとしたのである。この点に関しセビィリャの交易裁判所長官ドン・フランシスコ・デ・ウアルテが、使節一行のエスパニア本国訪問の目的などについて支倉常長とソテロ神父から直接聴取し、インディアス顧問会議に書き送った報告書は、私たちにとってきわめて重視すべきものであろう。文中に次のようにある。

特にこの使節がメキシコから（日本へ）戻ろうとした背景は、大使（支倉）と随行員がアカプルコで粗末な待遇を受けたからである。彼らの船（サン・ファン・バウティスタ号）を（アカプルコに）停泊させ、メンテナンスと補修代として五万ペソを、ヨーロッパ行きの旅費の中から支払うように強要されたのである。一時、こうしたことをすべて報告するために（日本へ）戻ろうとしたが、副王グアダルカサール侯、大司教、異端審問所長官やアウディエンシア長官などが当地（エスパニア本国）に来るように（支倉を）励ましたのである。

後述するアンジェリスの書簡によると、支倉は、アカプルコでのこの出来事を伊達政宗に報告している。

ところで、前記アマチの『遣使録』によると、当初は百四十余名の日本人全員がエスパニア本国とローマまで旅を続ける計画であったことが分かる。しかしながら、莫大な経費と宿泊所などの問題で訪欧使節団員は最終的に二十数名に絞らざるを得なかったのである。訪欧使節団員は、伊達藩士を中心に全国から集まった商人やカトリック教徒の中から支倉とソテロが相談して選抜したのであろう。そのため『伊達治家記録』にない支倉の秘書官だった小寺（池）外記などの随行員が多く含まれていたのである。

『チマルパインの日記』(Chimalpahin Cuauhtlehuanitzin, Francisco de San Anton Muñon, "Diario de Chimalpahin" Bibliotheque Nationale de Paris) によると、使節一行のうち四十二名（アマチの『遣使録』には七十八名と記されている）がサン・フランシスコ教会において、ファン・ペレス大司教の司式によって集団受洗している。また、渡墨前に日本国内でキリシタンの洗礼を受けた六十三名が堅信の秘蹟を受けた。

それにしてもなぜ、彼らは家康の禁教令が出ているのを知りながら、いとも簡単にキ

使節一行が受洗したサン・フランシスコ教会

リシタンの洗礼を受けたのであろうか。その最大の理由は、当時、ヌエバ・エスパニアでは、「インディアス法」（エスパニアの植民地において効力を持つものとしてイベリア半島のエスパニア政府当局者、またはその代理人、もしくはその他の官僚、およびその植民地の機関によって公布された法律である）によって、「信仰は能力を制限する原則

受洗名簿には記録されることがなかったインディオの集団受洗図。使節一行の日本人も同様の扱いを受けたのであろうか（Catedral de Nuestra Señora de la Asunción. Tlaxcala. México蔵）

の一つであり、（カトリック以外の）異端の信仰を有する者は法的能力を有せず、栄誉およびその財産を剥奪される」と規定されていて、ともかく異端者は現地に居住することも、現地人と結婚することもできなかったのである。つまり大半の日本人随行員は、この不利な条件を取り除くため自分の意思に反してでもカトリックに改宗せざるを得なかったのである。

ところで筆者は、メキシコ留学時代に前述したサン・フランシスコ教会における使節一行の集団受洗が記録されている洗礼台帳を五年間探し求めた。その結果、サン・フランシスコ教会のすべての洗礼台帳が、一九一〇年代のメキシコ革命期に教区教会のサンタ・ベラクルス教会に移管されて現存していることを突き止めた。そこで使節一行が集団受洗したとされる一六一四年（四月）の洗礼台帳を綿密に調査したが、どこにもそれらしい名前を見つけることができなかった。つまり日本人が受洗した事実を確認することはできなかったのである。

3●メキシコに永住した使節随行員ルイス・福地蔵人―グアダラハラ市の豪商として成功―

慶長遣欧使節の随行員のうちメキシコに永住した人物は、伊達藩士福地蔵人（ルイス・デ・エンシオ）のほか、アウグスティン・デ・ラ・クルス（日本名は不詳）など数人が確認されている。この事実を筆者が初めて知ったのは、一九八〇年の夏にグアダラハラ市の公文書館で古文書の採録調査を行っていたとき、一六三四年五月十六日および一六三八年四月十六日付けで作成された福地蔵人（ルイス・デ・エンシオ）とスペイン人フランシスコ・デ・レイノソとの間で交わした小売業の共同経営のスペイン語で書かれた二枚の契約書を発見したときである。これらの契約書には、ルイス・デ・エンシオ（Luis de Encio）が「福地蔵人・る伊すていん志よ」および「るいす福地蔵人」と達筆な日本語（東北訛り）で各々署名しているのである。

一六二〇年代にヌエバ・ガリシア総督領（現在のハリスコ州およびナヤリト州のアウアカトラン）およびグアダラハラ市周辺（タパティア行政区）で生活していたルイス・福地蔵人ら日本人は、現地の混血女性と結婚し、儒教的禅宗的な魂を捨てて、敬虔なカトリック教徒となり、晩年はグアダラハラ近郊のタパティア地区にあった教会に（聖体のパンを納めてある）聖櫃や宝飾品付きの聖母マリア像などを遺贈している。

筆者の調査によると、福地蔵人は一五九五年頃に陸奥国（現在の宮城県）で生まれ、十八〜十九歳の時に支倉常長らとともに慶長遣欧使節団の随行員として渡墨したと推測される。後に、彼は混血女性カタリーナ・デ・シルバと結婚し、マルガリータという一女をもうけた。

ルイス・福地蔵人は、わが国における国際共同事業のパイオニアとして、当時のヌエバ・ガリシア総督兼アウディエンシア長官ペドロ・フェルナンデス・バエサの特別な援助を受け、小売業や椰子酒の独占販売などに従事し、巨額な財を築きグアダラハラ市の富豪商人として知られていた。しかし晩年にはすべての事業に失敗して破産し、

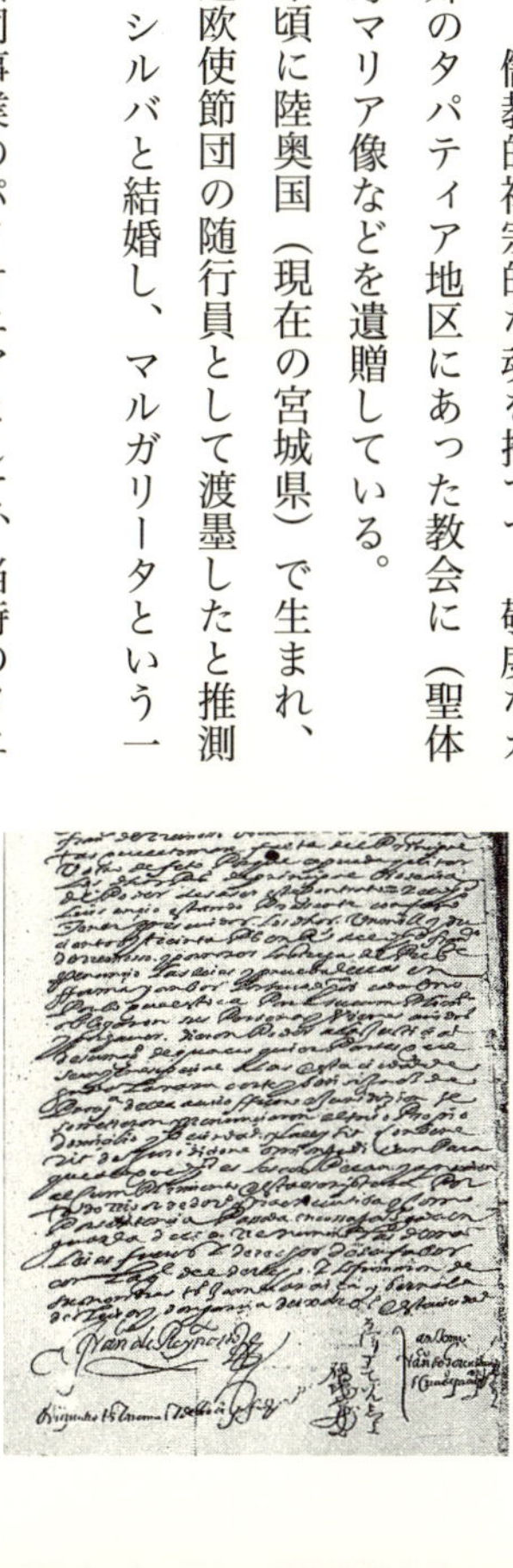

ルイス・デ・エンシオ（福地蔵人）とフランシスコ・デ・レイノソの（共同事業）協定合意書（A. I. P. G., Protocolo Francisco de Orendain, 1634, fol. 31v. 32r.）

一六六六年九月、享年七十一歳で病没している。なお、彼の娘のマルガリータは大阪出身の日系人ホアン・デ・パエス（日本名および生年不詳?〜一六七五年）と結婚し、一男六女をもうけた。パエスはマルガリータと結婚後、義父のルイス福地蔵人のもとで小売業の商売のコツを身に付け、徐々に実業家としての基盤を築いて闘牛用の牛の飼育や貴金属取引などニュービジネスに手を広げ、グアダラハラ市内で一、二位を占める富豪とまで言われるようになった。

一方、ルイス・福地が一六二〇年代からグアダラハラ市周辺で集団生活していた日本人仲間の一人であったアウグスティン・デ・ラ・クルスは、一六四二年五月二十九日、グアダラハラ市の「サント・ミゲル病院」で病死し、カテドラルの教会墓地に埋葬された。

アウグスティンもルイス福地と同じように自由人が容易にできた小売業などで成功したのであろう。ルイス・福地がアウグスティンの遺言執行人に指名されたのは生前お互いにかなり親しい間柄であったからであろう。

4●使節一行、スペインへ向け出発

さて、支倉を団長とした「訪欧使節団」は、一六一四年五月二十九日、スペインに向けてメキシコ市を出発した。そして同年六月十日、ベラクルスのサン・ファン・デ・ウルワ港からドン・アントニオ・オケンド艦隊長官の率いるガレオン船「サン・ホセ号」

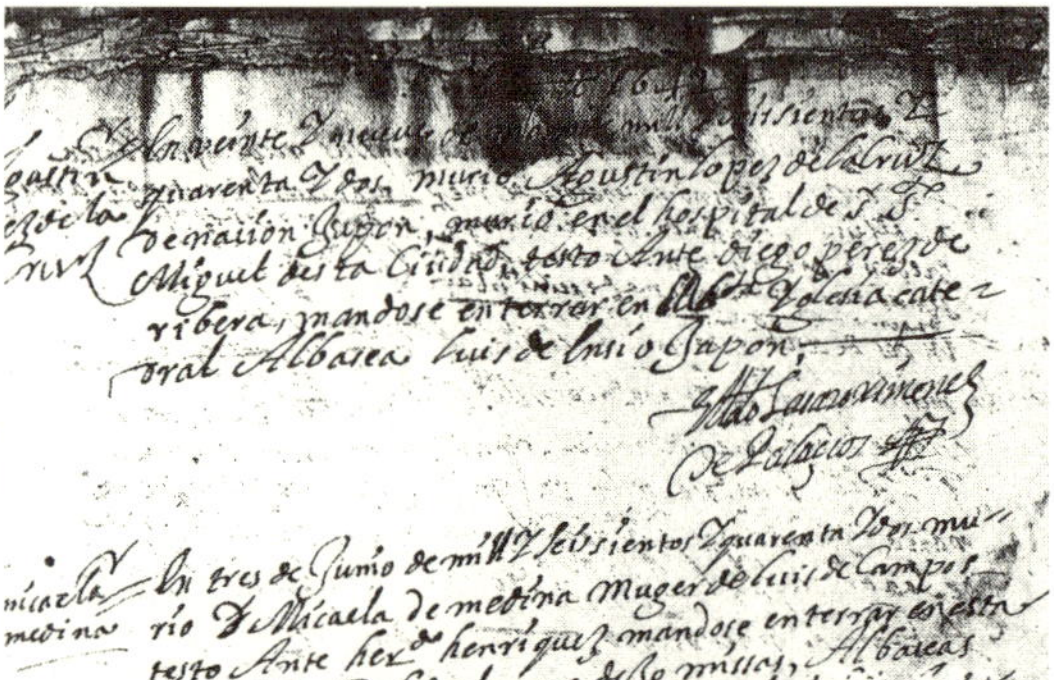

伊達藩士ルイス・福地蔵人の日本人仲間アウグスティン・デ・ラ・クルスの死亡・埋葬記録。「一六四二年五月二九日に日本生まれのアウグスティン・デ・ラ・クルスが当市（グアダラハラ）のサント・ミゲル病院で亡くなった。……」と書き残されている（グアダラハラ市カテドラル文書館所蔵）

に乗船。約四ヶ月後の十月五日、南スペインのサン・ルカール・デ・バラメダに到着した。

話は変わるが、大西洋を航海中の一六一四年九月二十九日、支倉六右衛門はスペインの宰相レルマ公爵宛に次のような内容の披露状を認めた。

日本の私の主人、奥州の王（領主）伊達政宗は（天有主の）あなたの御宗教を聞き、一段と殊勝に思い、公の分国中（政宗の領国の意）がキリシタンになるように申し付けました。そのためキリシタンの大帝王（エスパニア国王フェリッペⅢ世）ならびにローマ教皇は世界のキリシタンの親司と聞き、御二人へ恐れながら拝み申すため、伴天連フライ・ルイス・ソテロへ私を添え、使者としてこの方まで参りました。しかれば、主人（政宗）はあなたの御意見をお伺いするようにと（私に）申し付けましたので、何事も帝王様に宜しきようお頼み致したく、あなた様へお手紙を差し上げました。詳しくは、お目にかかった折に申し上げます。少しでも急ぎ御前へ参りお目にかかれるよう（仰せ付けてくださいますよう）お願い申し上げます。

（A. G. S., E-256）

という内容である。

しかしながら。この書状に書かれている「（政宗）公の分国中がキリシタンになるように申し付けました」という史実はどこにも見当たらない。支倉自身もこのような事実がなかったことを承知の上で文面に記したのであろう。当然のことながら、ソテロも同

ベラクルスのサン・ファン・デ・ウルワ港

意していたはずである。というよりもむしろ支倉はソテロに指南されてこのような事実に反する記述をしたのではなかろうか。

支倉は、政宗の目的であるヌエバ・エスパニアとの直接通商交易とエスパニア政府との同盟締結を実現させるため、主君の命を尊重し、割り切ってキリスト教を利用しようとしたと考えられる。いずれにせよ、支倉はすでに幕府の禁教令が出ていて、レルマ公爵もその事実を知っており、日本国内でキリシタン迫害が行われている様子も伝えられていることを察知しながら、このような内容の書状を認めたのである。この支倉の書状から、政宗が領内のキリシタンを保護し、あわよくばキリシタンと結束することを考えていたのではないだろうかとも思われる。

支倉のこの書状がセビィリャに届けられるより先に、ヌエバ・エスパニア副王とビスカイノ司令官からスペイン国王に対して書状が送られていた。使節の提案事項を全面的に拒絶すべきであるという、支倉らにとってきわめて不都合な内容であった。

話を戻すが、十月八日、セビィリャ市の二十四人参事会議員の一人でセビィリャの交易裁判所事務長のメルチョール・マルドナド・デ・サベドーラがサン・ルカール・デ・バラメダ河に停泊していた「サン・ホセ号」を訪問し、上陸の許可を出した。このとき「サン・ホセ号」のファン・マチョ事務長は「このナオ（船）で、日本の大使が十九人の供を連れて来ている」(A. G. I., Contratación. 1617) と証言している。

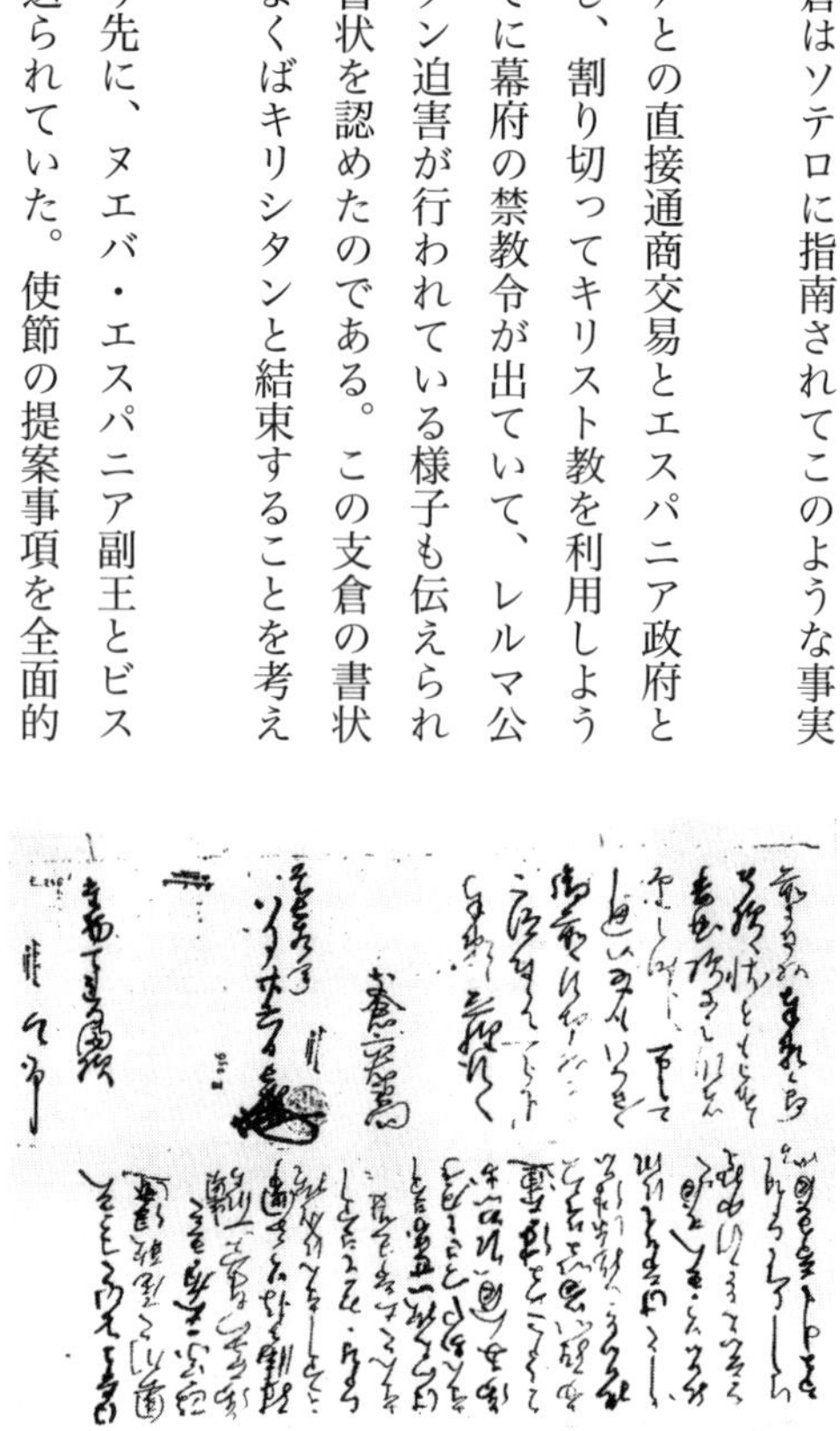

支倉六衛門がレルマ公に宛てた披露状
（シマンカス総文書館所蔵）

第4節

ユダヤ系スペイン人宣教師ルイス・ソテロの凱旋

1●ルイス・ソテロ神父の生い立ち—自分の血が不純であることを悩み母方の姓を名乗る—

当時、世界中で最もよく知られた輝かしい町セビィリャ市は、当該使節派遣計画から終始関わりを持ち重要な役割を果たしたフランシスコ会宣教師フライ・ルイス・ソテロの出身地である。彼は、一五七四年九月六日、セビィリャ市参事会議員ドン・ディエゴ・カバジェロ・デ・カブレラとドーニャ・カタリーナ・ニーニョ・ソテロの第二子として生まれた。母方の祖父ルイス・ソテロ・デ・ダサは異端審問所長官を務めた。また、父方の祖父ディエゴ・カバジェロはセビィリャの二十四人参議員（veinticuatro）の一人で、エスパニョーラ島の元帥を務めた。エストゥレマドゥーラの裕福なコンベルソ（Converso／ユダヤ教からキリスト教への改宗者）の家系の中で最も有力な人物であった。ちなみに市参事会議員を務めたコンベルソの一団はセビィリャのカテドラルの中の《元帥家》と呼ばれる礼拝堂（Capilla del Mariscal）に埋葬されている。

こうした恵まれた家系に育ったソテロは、サラマンカ大学卒業後の一五九七年五月十一日、サラマンカのフランシスコ会修道院で誓願宣立をし、一五九九年にスペインを発ってメキシコに向かい、さらに翌年そこから東洋の布教基地といわれていたフィリピンのマニラへ渡った。同地の日本人町ディオラで日本語の習得を始め、同時にマニラ周辺に住む日本人の間で使徒的活動に入った。そして一六〇三年六月二十日、二人の同僚と一緒に日本へ送られ、伏見、駿府、および江戸などでキリシタンの布教活動を行った。

説教するフライ・ルイス・ソテロ神父

【ルイス・ソテロの系譜】

- ディエゴ・カバジェロ（祖父）
- レオノール・デ・カブレラ（祖母）
  - ディエゴ・カバジェロ（父）
- ルイス・ソテロ（祖父）
- イサベル・ピネロ（祖母）
  - カタリーナ・ニーニョ・ソテロ（母）
    - ルイス・ソテロ

ところで、ソテロは父方のカバジェロ一族が新キリスト教徒（元ユダヤ教徒の家系で、キリスト教徒に近年改宗した者）であり、自分の血が不純（ユダヤ人の血が混っているということ）であったことから、セビィリャでの少年時代やサラマンカ大学時代に周囲の人たちから軽蔑されたに違いなかった。

ソテロはそのことを非常に不名誉に思い、それが原因となり、自分の姓名として父方のカバジェロではなく、母方の祖父の姓名ルイス・ソテロを名乗ったのである。

スペインにおけるユダヤ人が迫害を受け国外追放された背景には、収税業務を請負ったことがあり、その他金融業、商業ばかりでなく、知的な職業、とくに医学においても独占的な立場にあって、社会的にも、経済的にも影響力ある地位を占めるようになったことが、かえって社会不安の際、ユダヤ人に対する反感となって現れたのである。

カバジェロ一族のようなコンベルソは残留を認められたが、便宜的な改宗者がいたため、フェルナンドとイサベル両王の請願に応えて、教皇シクストゥス四世（Sixtus IV）が、一四七八年十一月に異端審問所（Tribunal de inquisición）の設置を認める大勅書（Bula）を発した。一四八〇年九月、審問官が初めて任命され、直ちにセビィリャで活動を始めた。そして一四八三年、カスティリャ、アラゴン全土を統治する異端審問所の長官にトルケマーダ（Tomas de Torquemada）が任命された。その頃からユダヤ人の出国が始まるが、やがて一四九二年三月三一日、フェルナンドとイサベル両王は、四ヶ月以内に改宗か出国を迫る政令を発した。その結果、カスティリャから脱出したユダヤ人は、一説によれば十五万～十七万人、アラゴンからは一万～三万人にのぼったといわれている。このようにユダヤ人の後裔は数々の迫害を経て、今日でも根強く残存している。

ルイス・ソテロが学んだ当時のサラマンカ大学の授業風景

カバジェロ一族のような改宗ユダヤ人は、少数の豊かな家系や人物だけに限られ、主に婚姻関係を通じて貴族や中産市民階級の地位を得たものが多かった。そのため彼らは一般庶民の羨望と反感を買い、まだ純粋なユダヤ人が共存し得た十五世紀には、反ユダヤ運動と呼応して、深刻な反コンベルソ暴動にまで発展した。これは社会経済的な面で発生したことであるが、カトリック教会関係者にしてみれば、〝異端の可能性をもつ疑わしい改宗者〟が無制限に各方面に進出するのを手放しでは喜べなかった。そして彼らの〝血液の新鮮さ〟を検査・統制するという形態をとって迫害が実行されていった。これが〝純血〟(Limpieza de Sangre)と呼ばれ、時代が進むにつれて次第に強化され、〝純血規範〟(Estatuto)が制定されるまでに発展した。この〝純血規範〟を一五一五年に最初に適用したのが、セビィリャのカトリック教会であった。ちなみにソテロが所属していたフランシスコ会も、一五二六年から、純血証明書の提出を入会条件の一つに加えるようになった。この〝純血〟という観念は、世界中のカトリック教圏では類例のないスペイン独自のものであった。

ソテロがフランシスコ会の宣教師としてスペインからヌエバ・エスパニアへ向かった一五九九年、インディアス顧問会議に宛てて「純血の審議は百年遡って行うべきことを妥当とし、それによってカトリック両王時代の改宗者は本来のカトリック教徒と同格に取り扱うのが至当である」という陳情書が提出され、一六〇〇年頃「純血確認制度」は頂点に達した。しかし、時が経つにつれて次第に純血を巡る問題も急速に下火になった。

セビィリャにおいてソテロが日本から支倉らの使節一行を連れて故郷に晴れがましく里帰りしたことを報じた小冊子が出版された。この小冊子はソテロを学識および武勇において世界中にかくも輝くセビィリャ市の多くの子供の一人として紹介し、ソテロの明晰な才知と熱意、そしてラテン語や日本語などの語学の才能を褒めちぎった。(Mathes, Californiana, Doc. No. 128, P. 1015)

このようにソテロの里帰りは、彼の生家に最高の栄誉をもたらし、自分自身の生来の血の不純に対するコンプレックスを取り除くのに大いに役立ったのである。

訪欧使節とソテロの書簡は、一六一四年十月八日召集されたセビィリャ市参事会で市の書記によって読み上げられた。会議録には、次のように記されている。

ソテロの兄弟のドン・ディエゴ・カバジェロ・デ・カブレラがセビィリャ市を代表して日本の王の使節に対応、歓迎することで合意した。また、使節の歓迎、接待と宿泊に関してセビィリャ市がなすべきと命じたことをルイス・ソテロに知らせることを決議した。接待委員にドン・セバスティアン・デ・カサウス、ドン・ペドロ・デ・ピネダ、ドン・ディエゴ・カバジェロ・デ・カブレラ……(略)(十名)を任命し、そのうち二名を互選で専門委員に任命した。(専門委員の)二人は、使節一行がセビィリャに到着したという知らせに応じて直ちに(セビィリャ)市を代表して歓迎の辞を述べ、そこから市が宿泊地として提供した場所、その館、部屋まで案内する。離宮(アルカサール宮殿)の城代ファン・ガジャルド・デ・セスペデ

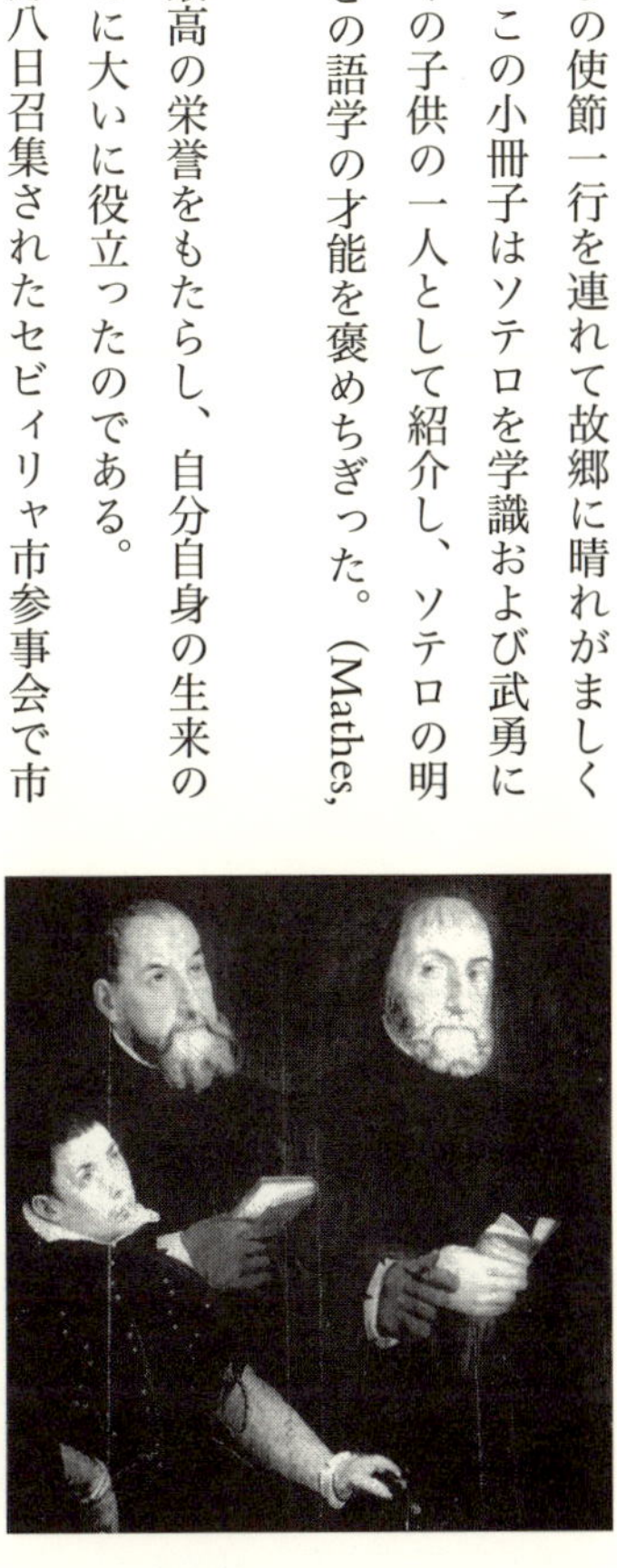

エストゥレマドゥーラの裕福なコルベルソ一族。ルイス・ソテロ神父の祖父ディエゴ・カバジェロ(中央、セビィリャの二十四人参議会議員、元エスパニョーラ島元帥)、父ディエゴ・カバジェロ・デ・カブレラ(左端、セビィリャ市参事会議員)(セビィリャ市カテドラル《元帥家の礼拝堂》所蔵)

ス氏の申し出により、離宮を宿舎とすると市は命じる。……（略）。滞在中、当市の経費負担で相応な食事を彼らに提供すべしと各氏は命じる。また、これに関わる支出はすべて、市長あるいは助役および前記の各氏のうち二名の支払い命令によって当市の会計から支払われる。……（略）。ドン・アロンソ・デ・グスマンは経費に関することを除いて賛成するが、食費は負担すべきでないと述べた。（A. M. S., Actas Capitulares)

また、セビィリャ市参事会員のディエゴ・オルティス・デ・スニガは、市参事会の聴聞会で

日本の使節関係の出費を、使節に礼を逸することなく何とかくい止める方策を市が模索するよう求める。使節一行の接待が幾日も続く裏で、当市は非常に逼迫し、債権者らは苦しんでいる。（A. M. S., Actas Capitulares)

と、指摘している。

以上のようにソテロの親族のカバジェロ・デ・ラ・カブレラ家一族が中心となって使節一行を最高の持て成しで歓迎しようとした。その一方で、セビィリャ市の財政事情が悪化していたため経費節減が求められていたのである。

2●使節一行、セビィリャで歓迎される

エスパニアのサン・ルカル・デ・バラメダに到着した使節一行は、メディナ・シドニ

支倉常長ら使節一行訪問当時のセビィリャ市の風景

ア公爵が接待し、港まで公爵所有の立派な馬車を遣わし、豪華な宿舎を提供した。次いで、使節一行は、コリア・デル・リオに二隻の船で送られ、ドン・ペドロ・ガリンドの邸宅で歓待を受けた。

ソテロはセビィリャのサルバティエラ市長宛に書簡を送り、使節の目的を説明し、使節を派遣した伊達政宗の人柄について述べたうえで、セビィリャ市特有の寛大さと騎士的態度をもって使節一行を迎えてくれるように懇願した。

セビィリャ市当局は、使節一行が豪華な行進をして入市できるようにコリア・デル・リオに多数の飾り馬車を遣わし、使節一行を歓迎するための準備を整えた。使節一行の行列はトゥリアナ門を過ぎ、アルカサール宮殿に赴いた。この王宮では使節一行のための宿泊の準備が整えられ、市長主催の宴会が盛大に催された

十月二十七日、セビィリャ市役所において使節一行の公式の接見式が行われ、ソテロは支倉が日本語で述べた挨拶をスペイン語に訳し、その後、日本の情勢、日本におけるキリスト教の発展の様子、長旅で遭遇した苦難、使命を果たすまで実行しなければならないことなどを説明し、セビィリャ市からの援助を懇願した。これに対し、セビィリャ市を代表してサルバティエラ伯爵は、日本からセビィリャ市に寄せられた名誉に謝意を表し、この名誉を辱めないよう立派にお応えしたいと答えた。伯爵の演説が終わると、使節の護衛隊長のドン・トマス・タキノ（滝野嘉平衛）は、政宗が友愛の証としてセビィリャ市に贈る刀剣類および書簡を携え、接見室に入った。市長は贈物を受け取って

謝意を表した。（Copia de una carta que enbio Ydate Maçamune Rey de Boju en el Japón…, Alonso Rodriguez Gamarra, en la Calle de la Maula. Año de Mil y Seyscientos y Catorze, donde se vende. 2ff. "Ann. Ord. Minorum," t. XXV, P. 123）

　このとき政宗がセビィリャ市に贈った刀剣類は紛失してしまったが、書簡は現在も市役所に大切に保管されている。

　十一月二十五日、使節一行はセビィリャを出発し、途中数日間コルドバ市に滞在、トレドに立ち寄り、十二月二十日にマドリードに到着した。宿舎は国王の命によって王宮の近くにあるサン・フランシスコ修道院が当てられ、全員の経費に一日二百レアルまでは用意するよう、命じていた。（A. G. I., Filip. 37, 1n. 28）

　使節一行は、サン・フランシスコ修道院の階下の病棟に入ったため、二十一人の日本人であふれ、彼らを蛮人よりは少しましかと思ったものの大騒動となっただけでなく、老齢で看病を必要とする修道士には苦痛をもたらした。

　ところで、ソテロが王と呼ぶ人間の地位に関して、インディアス顧問会議は一六一五年一月十六日、次のように提案している。

　　彼（支倉常長）を送った奥州の王は、日本皇帝に服従する殿の一人であると考えられるので、イタリアの侯国から来た者と同じ扱いをすることができよう。なぜならこの地位に相応と考えられるからである。（A. G. I., Filip. 1, 4n. 227）

この提案を受けて国王はセビィリャでの宿泊所であった豪華な宮殿ではなく、修道院を指定したのである。この宿泊先の決定から使節一行に対する待遇が国賓クラスから準公賓扱いまで格下げされたのである。

アルカサール宮殿（上）と現在のセビィリャ大聖堂（中）。下の写真は、伊達政宗がセビィリャ市に宛てた書状を背景に著者と長男常長（昭和六十一年七月）

第5節
使節一行が訪れた当時のスペインとは

1●スペイン古典文学の先駆者たちの活躍

使節一行がマドリードに滞在した十七世紀前半と言えば、スペイン黄金世紀の有名・無名を問わず文学者たちがひしめき合っていた。なかでも、世界的な名作として知られている『ドン・キホーテ』の作者で小説家（劇作家）のミゲル・デ・セルバンテス（一五四七～一六一六年）、劇作家で詩人のロペ・デ・ベーガ（一五六一～一六二七年）、詩人のルイス・デ・ゴンゴラ（一五六一～一六二七年）、小説家で詩人のフランシスコ・デ・ケベード（一五八〇～一六四五年）、劇作家のティルソ・デ・モリーナ（一五七九～一六四八年）などは、後世に残る傑作を世に送り出した文豪である。

■世界的な文学作品『ドン・キホーテ』

ミゲル・デ・セルバンテスの名作『才知あふれる郷士、ドン・キホーテ・デ・ラ・マンチャ』（前編一六〇五年刊、後編一六一五年刊）（El ingenioso hidalgo Don Quijote de la Mancha）が出版されたのはセルバンテスが五十八歳と六十八歳のときである。

セルバンテスは貧しい外科医の息子で家族と共に各地を転々とし、そのためまともな正規の教育は受けなかったといわれている。彼は一五七一年、レパントの海戦で活躍したが、負傷して左手の自由を失った。一五七五年、本国へ帰国の途中でトルコの海賊に

セルバンテス（右）と『ドン・キホーテ』のフランス語翻訳版の扉（左）

捕らえられ、アルジェで五年間の捕虜生活を送った。その後、一五八七年から一五年ほど海軍の食糧徴発人や収税の小役人として働いた。

このように英雄的苦悩と屈辱を味わい六〇歳を越えてから本格的な文筆活動を始めたのである。したがって、彼の代表的な作品である『才知あふれる郷士、ドン・キホーテ・デ・ラ・マンチャ』に自分の過去の生活と祖国スペインの過去が、寂しく反映しているのは当然のことである。

■スペイン・バロック最大の詩人ルイス・デ・ゴンゴラ

《誇飾主義》の創始者で、スペイン・バロック最大の詩人ルイス・デ・ゴンゴラ・イ・アルゴーテは、神話への頻繁な言及や対照法などによって言語の絶対的な美の世界を構築しようとした。ゴンゴラの詩の特徴は、まずひとつは、民衆的な題材を短韻律で優雅に歌った小曲やロマンセである。もうひとつは、十一音節で書かれた難解なソネット群と長編の二大傑作である。

ゴンゴラの詩法はそれ自体が文学者の言葉に対する態度のひとつの典型となっている。彼の詩法は、当初無視されていたが、フランスの象徴派詩人やスペインの近代派詩人によって見直され、今では詩人ゴンゴラの地位は世界文学史上確固たるものとなっている。

■スペイン文学史上最高の恋愛詩人ケベード

フランシスコ・デ・ケベード・イ・ビリェガスは、裕福な貴族の出身で、アラカラ・デ・エナレス大学とバリャドリード大学で幅広い人文主義的教養を身に付けた。

ケベード

スペインの社会の虚偽に満ちた現実に直面したケベードの作品には、一貫して現世的なるものに対する蔑視や死こそが唯一の真実であるという信念が流れている。
ケベードの人生否定の精神、諷刺の精神は、『夢』にいたって頂点に達し、政治論、文芸批評、哲学や神学などをテーマにした約八〇〇編の詩作を残している。

■国民演劇の先駆ローペ・デ・ベーガ

使節一行がマドリードを訪れた一六一四年〜一五年には、マドリードをはじめとする大都市にコラール（中庭）（El Corral del Principe de Madridなど）と呼ばれる常設劇場があり、そこで演じられた悲劇的要素と喜劇的要素を混合した演劇（コメディア）は、教養のない一般大衆にも大いに喜ばれたのである。

ベーガの作品は、スペインの歴史や伝説に題材を得たコメディアであり、代表作には、コルドバのある村で起こった史実に基づいた『フェンテ・オベフーナ』(Fuente ovejuna)や『マドリードの鉱泉』などがある。

ローペ・デ・ベーガ

マドリードのコラール（中庭）と呼ばれる常設劇場（復元）（マドリード演劇博物館）

2●黄金期のオルガン楽派

使節一行が訪れた当時のバロック時代のスペインの器楽としてはオルガンが盛んであった。盲目の宮廷オルガニストであったアントニオ・デ・カベソンの伝統を受け継いで、フランシスコ・コレーア・デ・アラウホが活躍していた。当時、スペインで作られたオルガンは、構造、性能、そして音色が他のヨーロッパ諸国のそれと異なり、色彩的かつ情熱的な効果を発揮しやすいようにできている。

ルイス・ソテロがセビィリャ市参事会員の兄ディエゴ・カバジェロ・デ・カブレラに宛てた書簡は、支倉常長の受洗式の様子について、「……、国王の礼拝堂では聖歌隊、楽手の奏楽とオルガンの音色に伴ってラウダーテ・ドーミヌム（Laudate Dominum）が始まりました。」と、オルガンの音色の印象について記述している。

使節一行が訪れた当時のスペインは、国民生活のあらゆる側面で危機的状況が進行し、国際政治におけるその優位も完全に失われていた。当時の宰相レルマ公は、一六〇九年

物乞い（上、Museo del Plado〈Madrid〉所蔵、下、Academia de Bellos Artes San Fernando〈Madrid〉所蔵）

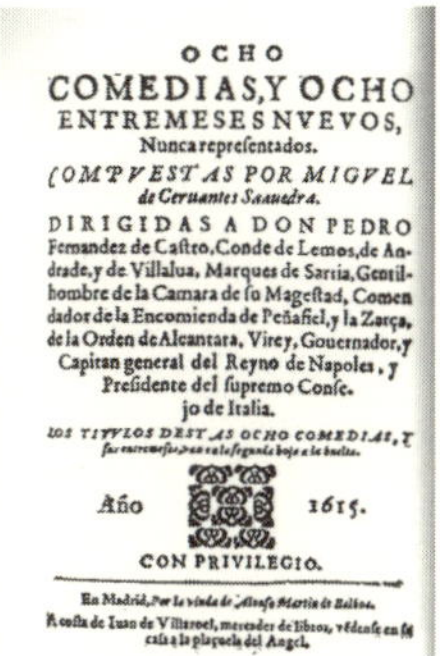

OCHO
COMEDIAS, Y OCHO
ENTREMESES NVEVOS,
Nunca representados.
COMPVESTAS POR MIGVEL
de Ceruantes Saauedra.
DIRIGIDAS A DON PEDRO
Fernandez de Castro, Conde de Lemos, de Andrade, y de Villalua, Marques de Sarria, Gentilhombre de la Camara de su Magestad, Comendador de la Encomienda de Peñafiel, y la Zarça, de la Orden de Alcantara, Virey, Gouernador, y Capitan general del Reyno de Napoles, y Presidente del supremo Consejo de Italia.
LOS TITVLOS DESTAS OCHO COMEDIAS, Y sus entremeses van en la segunda hoja a la buelta.
Año 1615.
CON PRIVILEGIO.
En Madrid, Por la viuda de Alonso Martin de Balboa.
A costa de Iuan de Villarroel, mercader de libros, vendense en su casa a la plaçuela del Angel.

セルバンテスの作品のコメディアの宣伝ポスター（バルセロナ中央図書館蔵）

支倉常長の受洗式の時に使用された女子修道院付属教会内のパイプオルガン（著者撮影）

オランダと十二年間の休戦条約を結び、対外的には平和政策をとったが、逆に国内では宗教的統一政策を強引に進め、モリスコ（レコンキスタ〈七一一～一四九二年〉以後、キリスト教に改宗してスペインに残留したモーロ人）追放を行った。これによってスペイン経済の衰退は一層深まった。そのため生活苦に陥った民衆が溢れ、マドリードなどの大都市では乞食が集団で生活していた。

第6節　支倉、国王に謁見す

ディエゴ・ペレスの『謁見略記』によると、一六一五年一月三〇日（金曜日）に支倉は国王に謁見し、伊達政宗の書簡と協約書（申合条々）に接吻し頭上に置き、手ずから国王の手に渡した。使節の書簡の主な内容（使節派遣目的の説明）は、①宣教師の派遣を請願すること、②「（伊達政宗が）わが身、領土・領国内にあるものことごとくを（エスパニア）国王の庇護のもとに献じ、親交と奉仕を申し出、今後いかなる時いかなる事柄においても、国王陛下の役に立つことが必要な場合は喜んで力を尽くしたいと望んでいること」である。そして支倉は国王陛下の御手によってキリスト教徒になることを望んだ。

これに対し、国王は、使節を派遣した伊達政宗に対し、敬意を表した後、支倉がキリスト教徒になりたいという希望を持ったことは大変喜ばしいことであり、支倉の希望に従って自分が臨席して受洗式が執り行われることは光栄であると述べた。(Diego Prez, "Relación que propuso el embajador Japón al Rey nuestro Señor, y la respuesta de su Magestad, Sevilla, 1616.)。

ちなみに、伊達政宗がエスパニア国王に提案した「申合条々」の概要は、次の通りである。

①貴き天有主之御宗門に、我らが国において、しもじも罷り成り候儀、少しもさまたけもうすまじく候間、さん、ふらんしすこの御門派之伴天連衆おわたりくださるべく候、御馳走(世話)もうすべきこと。

②毎季伴天連衆渡海のため、この度我等船を作り、濃毘数般(新イスパニア)まで渡申、日本之道具相渡申候、其国之道具をもそういなく御渡これあるべくそうろう、拙者つかわす用のためにて候事、

③船渡海のため、役者(役に当たる人)、こぐしや(手伝いもする船客)、入次第に御やといかし(貸)なさるべくそうろう、もし船損そうらわば、作直しそうろうじぶん、馳走たのみぞんじ候事、

④るそん(ルソン)より、のびすはんや(新イスパニア)へ参りそうろう船、若し我等国へまいりそうらわば、馳走可申、損候者、道具いか無相違可もうしつけそう

ろう、但、作直し候とも、馳走もうしあぐべくそうろう事、
⑤於吾等国、船御作なされたくば、材木鉄已下大工等、いるほどのこと、其時之ようすにしたがい、げちつかまつるべきこと、
⑥御分国より船参そうらわば、いかようにも自由に、あきなひ已下もうしつくべく候、其上馳走可申上事、
⑦於吾等国、南蛮人ありつき（定住）付候者、屋敷已下無相違可申付候、もっとも南蛮人之中に、出入くせごと（不法・処罰）そうろう之子細公事（訴訟）等、あるにおいて是者、其頭人にあいわたし、そのむね次第に可つかまつる事、
⑧いんぎりす（イギリス）、おらんです（オランダ）、いずれも帝王之為敵国より参そうらわば、我等国にては、崇敬もうすまじく候、委細者、伴天連、布羅以、類子、曹天呂口上にもうしあげらるべきこと、
⑨ゑすはんやの帝王三代目のどん、ひりつへ様、於日本、奥州之屋形伊達政宗、一味もうしだんずるうえは、たがいになにごとにおいてもそういあるべからざること、
以上、

慶長十八季九月四日

ゑすはんやの国大帝王様

この「申合条々」の内容は、伊達藩が独立した「領国」といえども、明らかに幕府のキリシタン禁教方針やオランダ及び英国との関係を重視する対外政策に真っ向から反す

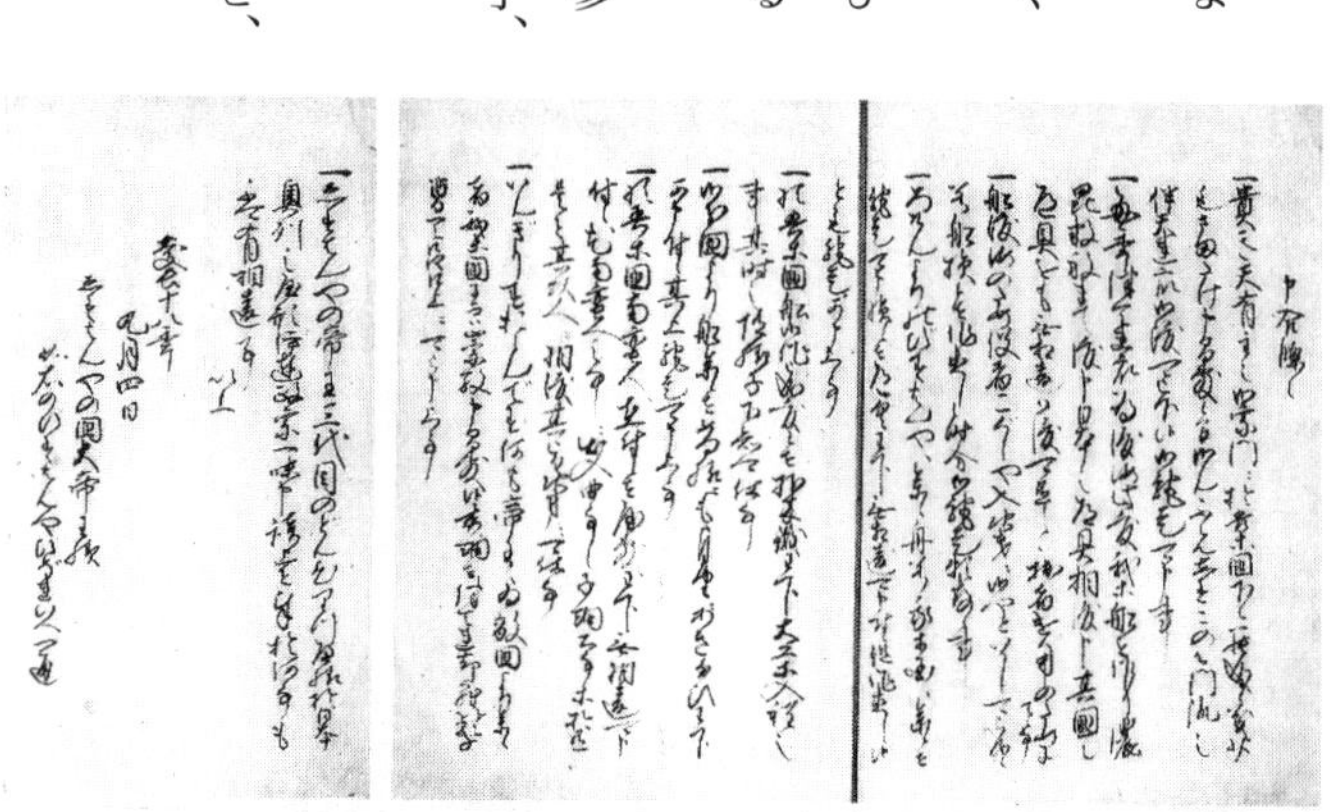

伊達政宗がスペイン国王フェリッペ三世に提案した九ケ条からなる「申合条々」（案）

るものであり、公に許されるものではなかったはずである。それゆえに「申合条々」の内容について、政宗が幕府から公式に承諾を得たとは考えにくく、内密にエスパニア国王と同盟関係を結ぼうとしていたのではなかろうか。それにしても気になるのは、⑧の「……詳細については伴天連ルイス・ソテロ師が口頭で申し上げる。」という記述である。

使節謁見を終えると、国王の許可を得て、支倉ら使節一行は、フランスの王妃に選ばれた王女と諸王子を訪れた。ソテロが日本の様子について話すと、王妃は大変喜んで、国王に良き取り計らいのあるよう努めると約束した。王女訪問を終えると、貴族多数の見送りを受けて、使節一行は宿舎のフランシスコ修道院に戻った。

使節一行がマドリードのフランシスコ会修道院に滞在するようになってから約半年後の一六一五年六月四日、修道院の院長がサリナス侯爵のところに駆け込み、日本人が長期間同修道院に滞在し続けることから生じる不都合を分かってもらおうとした。修道士が大勢いるのに、部屋は少なく、チフスが発生してすでに四人の修道士が死亡したことである。(A. G. I., Filipi.1, 4n. 234)

また修道院の至る所に日本人がいるので、大勢の人が物珍しさのあまり絶えず見物に来、大変大きな混乱と無秩序の原因となった。陛下のためなので、彼ら(使節一行)が宮廷を退くまでは我慢して耐え忍んできた。しかし彼らは宿泊していたこれらの部屋を随分荒らし、破損したままにしていった。それゆえ、それらを修理し、以前のようにするには、同修道院の管理者は非常に多くのお金を費やさなければならなかった。(A. G.

レルマ公銅像。(バリャドリード彫刻博物館蔵、筆者撮影)

スペイン国王フェリッペ三世

I., Indif, 1440)

一方、フライ・イグナシオ・デ・ヘススの証言によると、

> 彼ら（日本人）は、宿泊所にあてられた聖フランシスコ修道院の部屋の鍵を残していったので、一室が開けられ、刀や他のものが盗まれた。盗まれたものの中には、寝台に敷いていた麻の敷布三枚があった。それは陛下が下賜されたものだったが、敷布の持ち主に代価が支払われていなかったからである。以上は真実であるので、私はここに、本日一六一五年四月署名する。(A. G. I., Filip. 371)

二月四日、使節一行は、レルマ公を訪ね、伊達政宗の書簡を渡し、主君の名で挨拶した。これに対し公爵は、支倉の要請を聞き終えると、国王に執り成し、使節一行が希望していることが全部叶えられるように努め、ローマ教皇宛の書簡を国王に請願することを約束してくれた。このとき支倉は、国王の御前で執り行われる受洗式に、公爵も列席してくださるようにと懇願した。

翌日の二月五日には、王立跣足会女子修道院のシスター・マルガリータ・デ・ラ・クルス王女を訪ね、この修道院付属教会で受洗式が行われるよう、国王への執り成しを要請した。マルガリータ王女は、使節一行の希望に副うようにすると約束した。その後、トレドの枢機卿を訪れ、受洗式の司式をお願いした。枢機卿は中風で動けないというので、王宮付属礼拝堂の主任司祭ドン・ディエゴ・デ・グスマンが代わって司式することを命じてくれた。数日後、枢機卿は使節一行の宿舎に支倉らを自ら訪れ、記念として高

レルマ公のおじのベルナルド・デ・ロハス・イ・サンドバル（Bernardo de Rojas y Sandval）トレド枢機卿（トレド大聖堂蔵）

価な聖母画像や金の装飾を施したトレドの枢機卿の肖像画などを贈呈した。ところで、トレドの枢機卿が支倉らに贈った高価な「聖母画像」は、現在仙台市博物館に所蔵されていて、フィリピンの華僑系画家による作品ではないかと言われている「ロザリオの聖母像」(国宝)ではないかと思われる。

二月十七日、王立跣足会女子修道院付属教会において、国王フェリッペ三世、フランスの王妃、トレドの枢機卿、貴族など多数列席のもとに、レルマ公とバラハス伯爵夫人が代父母となって、ドン・ディエゴ・デ・グスマン神父の司式で支倉の受洗式が行われた。フェリッペ・フランシスコという霊名を与えられ、儀式は王室聖堂聖歌隊が「テ・デウム」を唱って終了した。

第7節 スペインからローマへ―栄光のローマ滞在―

使節一行は、一六一五年十月二十五日、マドリードからバルセロナを経由し、地中海北部を船で渡ってローマへ到着した。

ボンコンパーニ公爵の「使節日誌」("Diario del Vaticano", "Nuovi documenti per la seconda Ambasciata, pp.37-49, P.39, No.Ⅲ) によると、ローマに到着したときの使節

支倉六右衛門受洗の教会(王立跣足会女子修道院付属教会)内部。現在は観想修道会聖クララ会付属教会。(筆者撮影)

フェリッペ三世の子供達。カルロス王子(左)と支倉の受洗式に参列したドーニャ・マリア王女(右)(Instituto de Valencia de Don Juan 所蔵)

一行は、支倉を含めて総勢二十八名で構成されていた。

また、「使節日誌」（八十五頁）によると、ヴェネツィア大使シモン・コンタリーニは、使節がローマ到着後次のような書簡を認めた。

……イエズス会のパードレらが、使節が（ローマに）到着したことについて不快を懐き、憤激を招いた。（支倉らの使節団は）日本皇帝の使節ではなく、その臣下なるイダテ政宗という諸侯が送ったという。また、この使節は、偽の使節であり、サン・フランシスコ会のパードレらが、自分たちの会の利益のために、これを仕組んだものである。

と、日本の使節の真偽に関し、さまざまな風説がローマに流布していた。このように当初ある種の不信の気持ちがあったものの、使節は、入市式やローマ教皇パオロ五世との謁見式を通して最大級の歓迎を受けた。当時のローマは、宗教改革に対抗することによって生まれ変わったカトリックの総本山であると同時に、広大な領土を持った教会国家の首都であり、北側の国境線はポー河まで達していた。また、カトリックの信徒であれば、外国人でもローマ人と同様に扱われる万人共有の都であった。したがって、ローマ教皇に謁見するために、

東洋の果ての国から来たカトリック教徒フェリッペ・フランシスコ・支倉と申すなり……、

と、実に晴れがましい光景である。おそらく支倉六右衛門の一生のうちで一番輝いた瞬

ローマ教皇に謁見するためにヴァティカン宮殿に向かう支倉常長ら使節一行（三木露風著『日本カトリック教史』、第一書房、一九二九年、一九一ページ）

間だったにちがいない。この時支倉四十五歳。月ノ浦を出てから約二年。洗礼を受けて八ヵ月が過ぎていた。

しかし、これはあくまで儀礼的な歓迎であり、むしろローマ教皇はこれらの歓迎式典を通して、カトリック教の威光が東洋の日本にも及んでいることを、全世界に宣伝する狙いがあったのである。

支倉はローマ滞在中の十一月、ヴェネツィア大使シモン・コンタリーニを表敬訪問した。その折に、支倉はスペインへの帰路にヴェネツィア訪問を希望したが、時間的な余裕がないという理由で、彼の執事を勤めていたヴェネツィア人グレゴリオ・マティアスを代理として派遣することにした。

グレゴリオ・マティアスについて、英知大学教授の五野井隆史氏は著書『支倉常長』(吉川弘文館刊、〇三年)で、「彼(グレゴリオ・マティアス)は滞日二〇年というから一五九五年前後に日本に来たことになる。どのような機縁で伊達政宗の遣欧使節団の一員となり、常長の執事になったのかは何も分からない」と解説している。ところが、ヴェネツィア人グレゴリオ・マティアスは、一六一一年三月二十二日、ヌエバ・エスパニア副王の答礼大使セバスティアン・ビィスカイノ一行と共にアカプルコから「サン・フランシスコ号」に糧秣係(俸給額は二百ペソ)として乗船して来日した人物なのである。グレゴリオ・マティアスは、滞日期間中の一六一二年八月末日、ルイス・ソテロ、フライ・ペドロ・バウティスタ、フライ・セバスティアン・デ・サン・ペドロがスペイ

パオロ五世肖像(ヴァティカン秘密文書館所蔵)

ン語に翻訳した徳川家康がヌエバ・エスパニア副王宛に送った書簡を原本と照合し、正真正銘原本に忠実かつ正確な翻訳であるということを証人としてファン・デ・オスらと共に署名している（A. G. I., Filip. 1, 4n. 211-212）。彼は、「サン・ファン・バウティスタ号」に糧秣係（評価額五一六〇ペソの品物に対して、五一六ペソの関税を支払った（A. G. I., Contaduria 903）として乗船してアカプルコへ戻っている。マティアスは日本語が堪能であったことから通訳を兼ねて支倉の執事としてメキシコからローマまで同行したのである。

ローマ滞在中の使節一行は十一月一日の「諸聖人の祝日」に、サン・ピエトロ大聖堂で、（ローマ）教皇（パオロ五世）が列席してオスティアの司教ガールス枢機卿の司式によって執り行われた歌ミサに参列した。（Arch. Vat., Arm. XII, n. 69, Diarium Alaleonis, to. XXII, fol. 207.）

支倉常長は政治的にも隠然たる力を持つローマ教皇に、スペイン政府との間を取り持ってもらおうと期待した。だが、それは聞き入れられなかった。つまり、支倉が目的とする貿易交渉と同盟締結は、具体的には何も進めることはできず、どちらかといえばキリシタン弾圧国からやってきた厄介者として扱われたのである。

一方、一六一六年十二月十日発布の小勅書（Omnium Saluti）により、教皇は、陸奥の司教にソテロを指名し、叙階式はエスパニア国王と相談して執り行うようにと、マドリード駐在教皇特使に委任した。だが、インディアス顧問会議が、同会議の認可のない

ヴァティカンのサン・ピエトロ大聖堂内部（当時）

特典は受け入れられないとして、結局、司教の叙階式は行われなかった。(Charlevoix, lib. XV, 1, P.246)

ヴェネツィア大使シモン・コンタリーニによれば、「支倉は教皇に請願した三つの事項のうち一つだけきり聞き入れられなかったので、甚だ不満だったとのことである。つまり日本へフランシスコ会士数名を派遣することに関してだけ受け入れられたが、その領内に司教区を設置する請願を拒否され、伊達政宗およびその領土が教皇の最高権力の下に入りたいという請願には、教皇としてはこのような問題に立ち入ることを望まないので教皇特使に命じ、エスパニア国王に依頼したとの返事であった。(Boncompagni, PP. LXXXVII、LXXXVIII)

第8節　スペイン国王へ旅費援助を請願

支倉ら使節一行は、一六一六年一月四日、教皇に謁見、帰国の報告とローマ滞在中に受けた厚意に対し深く感謝の意を表した。教皇からは肖像画、ロザリオ、聖像などのほかに、通過する地方の君主宛の紹介状と、旅費として金貨六千スクードを与えられた。そして同年一月六日、使節一行は、ローマを出発し帰国の途についた。一行は、リヴォルノ港を経由して一月二十九日にジェノヴァに到着し、往路と同じアヌンチャータ修道院に宿をとった。その数日後の二月三日、支倉は「三日熱（間歇熱）」に罹り、病床に伏した。ルイス・ソテロは支倉の病状について、二月四日、ジェノヴァからスペイン国王へ次のような書簡を送っている。

国王陛下より親書および経費の援助という恩寵やご好意を戴き、キリストの僕である私たちのローマへの旅は非常に幸福でそしてとても快適でした。これらの新たな試みを教皇猊下や彼の側近たちすべての霊的喜びをもって遂行することができました。……（略）、私たちは主の御公現の祝日である一月六日に時間と経費を節約するため、海路でローマから出航しました。しかし、逆にジェノヴァ到着まで二十二日間もかかってしまいました。その後大使が厄介な三日熱に罹ってしまい、すでに今日で五日になりますが状態が悪いのです。……（略）、もし（大使の）病気が長引けば、経費の支払いも旅行を継続することもできなくなる恐れがあるので、已むを得ずこの件を陛下に報告いたし、当地駐在の大使或いは然るべき人に命じ、（支倉大使の）治療に必要な経費と私たちのスペインへの旅行に必要な援助を与えて下さるように懇願いたします。もし（陛下の）この恵みと庇護がなければただ死を待つのみです。陛下の恩寵と威信により私たちには希望を託すことができる神がついています。そして神が（大使の）三日熱を完治させてくれた後、すぐに私たちは可能な限りの方法でスペインへ出発いたします。……（略）」（A. G. S., E262. 三

葉）

このソテロの書簡からはまず、使節一行がローマからスペインへ戻る行程の時間と経費を節約するため、陸路ではなくチヴィタヴェッキアから海路にしたことが分かる。

ところが、逆風のためジェノヴァ到着まで二十二日間もかかってしまった。ちなみに使節一行がジェノヴァからチヴィタヴェッキアに向かう往路は僅か六日間だけであった。これはスペインへ戻る途中ジェノヴァ港に近いリヴォルノに寄港（一月十八日）し、ここからローマで支倉に約束したフィレンツェを訪問したためである。記録には、フィレンツェには五日間滞在したとあるが、リヴォルノからフィレンツェまでの陸路往復の旅行を含めると十日間前後かかり、膨大な経費を費やしてしまったのである。ローマ教皇から使節一行のスペインまでの旅費として金貨六千スクードを与えられているが、その殆どをフィレンツェ旅行で使い果たしてしまったのである。それにしても旅費の節約を余儀なくされていたにもかかわらず、なぜ使節の直接的な目的と関係のないフィレンツェに儀礼的とはいえ訪問しなければならなかったのであろうか。結果として、ジェノヴァでの滞在費とスペインに戻るための旅費が足りなくなり国王陛下に援助を要請しなければならなかったのである。

一方、インディアス顧問会議はソテロの書簡に対する国王への意見書の中で、使節一行はひどい困窮状態にあり、国王の援助がなければ旅行を継続することは無理であると理解し、金銭面の援助に前向きに対応している。ただ、支倉がマドリードで受洗式を

インディアス顧問会議（London National Portrait Gallery蔵）

行った時の支援者であったレルマ公のおじのベルナルド・デ・ロハス・イ・サンドバル枢機卿は、使節一行はマドリード市に入らないでセヴィリャに直接赴いてヌエバ・エスパニア行きの艦隊に乗船するようにという意見をもっていた。サンドバル枢機卿は、日本でキリシタン弾圧が行われているということから、使節の目的に対し疑問を抱き、使節がマドリードに来ることを嫌ってインディアス顧問会議に進言したのである。

ところが、「新しい歴史教科書をつくる会」前会長で東北大学教授の田中英道氏は著書『支倉六右衛門と西欧使節』（丸善ライブラリー、一九九三年）で、引用文書の出所は明記されていないが使節一行の帰路の費用は十分だったと、次のように述べている。

……ソテロは不安一杯の手紙をスペイン国王に出している。病気滞在が長引くと、費用もかかるので、（スペイン国王へ）補助をお願いするというものである。この手紙を受けて、早く本国に帰すことが必要とスペイン当局は判断し、マドリッドに寄らず、セビリアに直行すべきと述べた。しかし支倉は幸いに三週間もせずに回復した。費用も十分だったので、マドリッドに向かうことにした。……（同書一九六頁）

しかしながら、セビィリャ市のインディアス総文書館（A・G・I）に残されているソテロの書簡およびインディアス顧問会議の公式議事録のどこにもこのような事実については書かれていない。

第9節
スペイン政府の国外退去命令―使節一行の旅の真実―

1●ソテロ、エスパニアに残留した理由を釈明

使節一行は一六一六年四月、八ヵ月ぶりにマドリード郊外のシエラ・ゴルダ地区にあるサン・ペドロ教会に辿り着いた。この時使節一行の日本語通訳兼秘書役をつとめローマ市から支倉らと一緒に「ローマ市民権（公民権）証書」を贈られたフランシスコ・マルティネス・モンターニョ（通称ハポン）が耐乏生活の中で死去している。サン・ペドロ教会の「死者・埋葬台帳」にマルティネスが死に至るまでの様子が次のように記録されている。

耐乏生活の中で死去したフランシスコ・マルティネス・ハポン。

一六一六年四月八日、日本人使節の通訳として来ていたメキシコ出身のフランシスコ・マルティネス・モンターニョに告解（赦しの秘蹟）をさせるため助祭ペドロ・マルティン・セビリヤーノを呼んだ。彼（モンターニョ）は助祭に告解をし、この日（助祭は）彼に臨終のための聖体の秘蹟（イエズス・キリストの御体と御血とがパンと葡萄酒の形態のもとに神に捧げられて、信者の永遠の生命の糧となるのが聖体の秘蹟である）と病者の塗油の秘蹟を与えた。四月十三日霊魂の加護を求めたが、同月十五日に死亡したので教会の墓地に埋葬した。彼は三十四歳前後の年齢

使節一行の通訳をつとめたフラシスコ・マルティネス・モンターニョ（通称ハポン）の死亡および埋葬を記録した「死者・埋葬台帳」が保管されているマドリード市郊外にあるサン・ペドロ教会

であった。遺言書を作成することはなかった。（マドリード市サン・ペドロ教会所蔵）

この記録によると、マルティネスは栄養失調のような病気に罹って死んだのであろう。ということは、支倉と他の随行員もかなり酷い耐乏生活を強いられていたことになる。使節が帰路立ち寄ったマドリードでは大勢の歓呼に迎えられる栄光の凱旋とはほど遠く、国王の意志をソテロに伝えるために用人が一人出迎えただけだったのである。そして、インディアス顧問会議は、一六一六年三月十日の会議で、

「使節一行は宮廷（マドリード）にとどまらずセヴィリャに直行し、そこからヌエバ・エスパニアへ向かうサン・ファン号に乗船せよと命ずべしと提案し、国王はそれを是とした」（A. G. I., Filipinas 1. 4n. 224.）と、決定している。

ソテロが一六二四年一月二〇日付で大村の牢獄からローマ教皇に書き送ったラテン語の書簡《"Epistola B. Ludovici Sotelo AD. S. Sanctitatem" P. Aniceto Chiappini, Annales Minorum seu Trium Ordinum A S. Francisco Institutorum（フランシスコ会年報）(Tomus XXVI(1623-1627), 1933》には、

（使節）一行はマドリッドで国王に歓迎を受けた。王は教皇の書簡を読み、使節の果たした業績に対し祝辞を述べ、日本の改宗に助力する旨の温かい申し出を行った。

……

と、使節一行が国王に歓迎されたと書き残している。しかしながら、インディアス顧問

フラシスコ・マルティネス・モンターニョ（通称ハポン）の死亡および埋葬が記録されている「死者・埋葬台帳」の一部（マドリード・サン・ペドロ教会所蔵）

会議の公式記録には、そのような記述はどこにも見当たらず、使節一行がマドリードに到着した時はひどい困窮状態にあって、歓迎されなかった旨書き残されているのである。これもソテロ自身が面子を重んじて誇張して表現したのであろう。

さて、国王から何の返事も受取ることのできなかった支倉は、主君政宗宛の国王の返事を入手するまでは帰国すまいと決意した。ソテロとともにセビィリャから三レグア（一レグア＝五・五キロ）の距離にあるフランシスコ会のヌエストラ・セニョーラ・デ・ロレト修道院に居座り、約一年間過ごした。インディアス顧問会議が一六一六年八月二十七日の会議で提案したように、もしかしたらこの時国王からの援助はすべて停止されていたかもしれない（A. G. I., Filip. 1, 4n. 254）。セヴィリャの交易裁判所のドン・フランシスコ・デ・テハダ裁判長は、これ以上のソテロと支倉の弁明や遅滞を認めず、一六一七年にヌエバ・エスパニアに向かう艦隊で彼らを送り出すべしと勧告した（A. G. I., Filip. 1. n. 258）。これに対し、ソテロは死に物狂いで他の手段に訴えようとした。

一六一七年四月二十日セビィリャ発信で、ソテロは国王陛下に対し、自分と支倉がインディアス顧問会議の意向に反してスペインに残留した理由について、次のように釈明している。

昨年、陛下の手に口づけをした後、私はヌエバ・エスパニアへ赴いた艦隊に日本の大使と共に乗船するためセビィリャに来ました。（私は）道中足を骨折してしまいましたが、怪我の方はいくらか快復したので、大使に乗船するように懇願したのですが、陛下からの彼の王（伊達政宗）宛ての通達や返書を持っていないので、彼は乗船しないことを決めたのです。しかしながら、艦隊が出発した後で返書が届きました。私の健康も快復しなかったので後に残った船にも乗船しませんでした。

かなり後になってから（怪我の方が）快復したので船に乗船しました。今年（一年間を）セビィリャから二レグアス以上の場所に所在するフランシスコ会の修道院で過ごしました。そこで霊的修行に従事しました。そして他人に対して非常に良い模範を示しました。すでに他の艦隊が出発する準備が整っていたのですが、（支倉）大使は陛下の許可を得て渡来の時と同じようにありたく、実りがないまま日本へ帰国することを望んでいません。

陛下の許可を得てすでに命令が下されている宣教師数名を（大使と共に日本へ）派遣して頂きたいのです。日本の（キリシタン）迫害は奥州地方には及んではおらず、国王（政宗）は彼地にあった教会を守り、そしてキリスト教徒を保護しました。また、迫害をした皇帝（秀忠）は勝利を得ることはなく、国王はキリスト教徒に対しこれまで以上に好意を寄せています。（略）……。

昨年陛下から与えられた援助および救援物資は（使節の）随員を乗船帰国させるために費やしましたが、大使は目下滞在中の（ロレト）修道院において（陛下からの）援助が必要なくらい困窮状態にあり、（ロレト修道院での）滞在は長期間の巡礼の旅で、私と彼（大使）が健康を害したために余儀なくされたものであります。

支倉常長とルイス・ソテロが一年間滞在したロレト修道院（筆者撮影）

仮に遅れた船で出発していたならば、私たちは途中で死んでいたかも知れません。そこで再び国王陛下の恩恵を受け、我らの主イエズス・キリストが命じた宣教師らを同伴して彼地に行かれることを望みます。今彼地で非常に必要な宣教師たちを同伴させることです。また、私たちは国王陛下が既に命じていた恩恵を享受します。

……（略）

一六一七年四月二〇日

陛下の不適格な司祭（indigno capellan）で、またキリスト教において最も賤しい僕（Archivo General de Simancas(AGS). E 263, 一葉）

フライ・ルイス・ソテロ（自署）

この書簡によると、ソテロと支倉ら使節の残留組は一年間にわたってフランシスコ会のロレト修道院で霊的修行を全うしたのである。この修道院に滞在した最大の理由は、国王陛下から伊達政宗宛の返書を待つためというより、長期間の苦難の旅による病気のためであった。予定していた定期便に乗船していたら二人とも死んでいただろうと書き残していることからかなり重症だったことが想像される。支倉とソテロらの修道院での一年間の生活は、他の修道士と同様に「清貧・貞潔・服従」をモットーに質素な生活を余儀なくされたのであろう。

ところで、インディアス総文書館にホアン・カチャペロ・アレバロ医師によるソテロの足の骨折の診断書が保存されている。それによると、

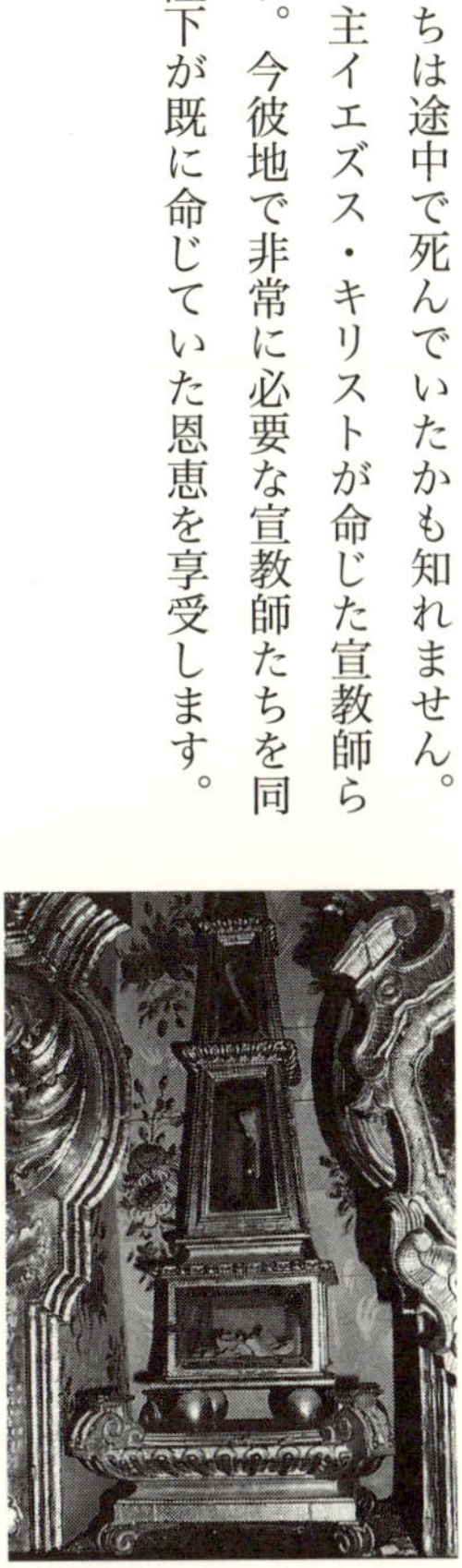

ロレト修道院に保存されている日本で殉教したフランシスコ会修道士の遺骨

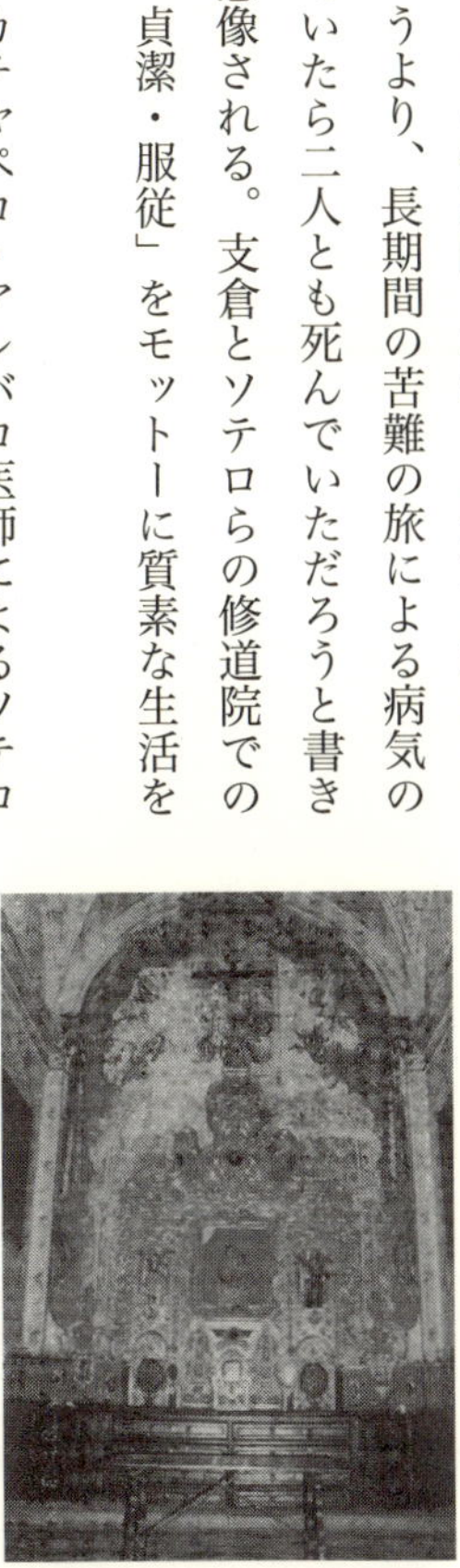

支倉六右衛門が滞在した当時のままのロレト修道院内部（筆者撮影）

本状を通して、私はフライ・ルイス・ソテロが左足に二ヶ所の開き傷と足の長い骨（脛骨）を骨折して、現在病院（のベッド）で療養していることを証明いたします。いかなる場合でも長期間歩くことはもちろんのこと力仕事をすることはできません。その理由は、足の骨の骨折は極めて重傷であり、容易に（骨を）接合することができないからです」（A. G. I., Contratación5352, A. G. I., Contratacióón 5539, Vol. II. f. 476r.）

というように、ソテロの足の骨折がかなりの重傷であったことがわかる。

ソテロの国王宛の書簡に対して同年四月二〇日付で、インディアス顧問会議は次のような意見書を送っている。

（ルイス・ソテロは）日本の大使がそこ（ロレト修道院）にいままで留まっていた理由を言っている。奥州王は教会の（キリスト教徒の）迫害に関わらなかったということである。彼は（日本へ）戻りたがっております。国王陛下は彼（ソテロ）から要請のあった宣教師たちの出港許可書を与えるように命令してください。またこの旅行の機会を失わないように（出港許可書を）簡潔にするように陛下に要請して下さい。彼ら（宣教師たち）の出発は我らの主イエズス・キリストにそれなりの利益になるようにしなければならないからです。大使とフライ・ルイス・ソテロが彼ら（宣教師たち）に同伴しますので国王陛下に（出港許可書の件）同様によろしくお願いします。彼らに出港許可書を与えることは正しいと回答します。またそれを彼らに申し出ています。なぜならば、そこにそれ以上留まらないようにし、そして彼の旅程を継続するようにして下さい。

一方、支倉常長は使節の主目的であるヌエバ・エスパニアとの通商交流の許可を得るためにスペイン政府と長い期間交渉を続けてきたが、その目的を果たすことが困難であると判断し、一六一七年四月二十四日セヴィリャ発信で国王宛てに次のような代案ともいえるかなり譲歩した内容の書簡を送っている。

……(略)、陛下がもし日本に対してヌエバ・エスパニアとの通商交流の許可を与えないというのであれば、スペイン本国との直接の通商交流の許可を与えてもらいたい。そしてフィリピン諸島の陛下の総督には特に私の主人(伊達政宗)との友好関係を持つように指示して下さいますように懇願いたします。……(略)(A. G. S., Estado España, 263, 一葉)

しかし、こうしたソテロと支倉の努力はすべて無駄であった。

一六一七年七月四日、交易裁判所の書記官はヌエバ・エスパニアへ渡る乗客にソテロを登録している。「日本の使節とその五人の日本人随行員」およびフランシスコ会修道士フランシスコ・デ・サン・ロレンソが乗船することになった(A. G. I., Contratación. 5539, Vol. II. f, 481r.)。こうしてついにソテロと支倉は日本に戻ることになったのである。

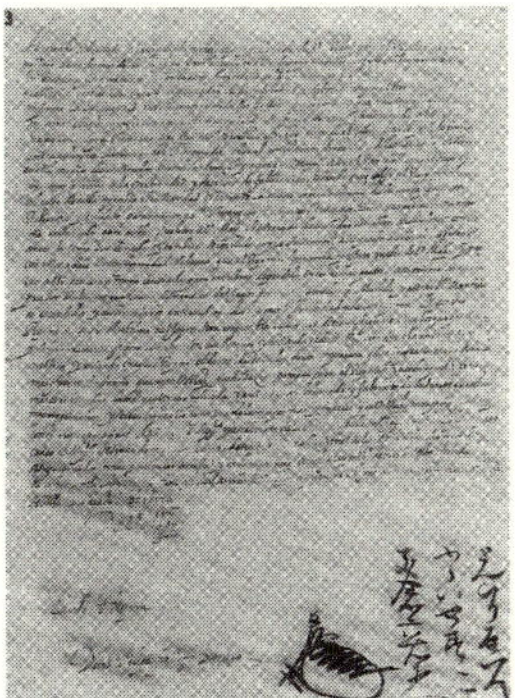

支倉常長がエスパニア国王(フェリッペ三世)に宛てた書簡。東北弁でそのまま署名している(一六一七年四月二四日付け)(A. G. S., ESTADO ESPAÑA, 263, 一葉)

2●悲惨な帰国の道程

交易裁判所が一六一六年七月五日付けで国王宛に送った書簡には次のように記されている。

……（略）、今朝、奥州王の大使が乗船しなかった。（彼は船が出帆する前に）ここ（セビィリヤ）から三レグアの距離にある聖フランシスコ修道会のロレト修道院に行ってしまっていた知らせを受けた。（A. G. I., contratación, Julio 6, 1616, 5172, P. 310）

とある。

つまり支倉は、随員五名を伴い、ソテロが一緒に渡航できるようになるまでエスパニアに滞留することが適切な処置と考えた。残りの随行員二十名は、一六一六年六月二十二日、国王より渡航許可を受け、フランシスコ会のフランシスコ・デ・サン・マルティンおよびファン・デ・ラ・クルスの二人の宣教師が付き添って、ヌエバ・エスパニアへ向かった。

使節一行の帰路について詳しく言及するなら、マドリードだけでなく、セビィリヤでも使節一行は往路のような喝采をうけることはなかった。この幻滅から、ソテロ師の活躍を中心に使節一行のセビィリヤ滞在記の本を出版しようとした印刷屋はソテロ師の実家のカバジェロ家の依頼を断り、ソテロ師の熱意と苦労は世に出そびれるという悲しい結果となった（A. M. S., Actas Capitulares）。こうした動きは一六一五年にローマで刊行されたシピオーネ・アマチ編のイタリア語による『伊達政宗遣使録』のスペイン語翻訳版の出版拒否にまで発展し、永久に発行されることはなかった。

そして何よりも使節一行にとって致命的な打撃となったのは、スペイン人のイエズス会士ルイス・ピニィエロ師（一五六〇～一六二〇）による国王フェリッペ三世に宛てた『一六一二～一六一五年間の日本国内におけるキリシタン弾圧に関する詳細な報告書（日本切支丹迫害史）』（Relación del Sucesso que Tuvo Nuestra Santa Fé en Los Reynos del Japón, desde el Año de seyscientos y doze hasta el de seyscientos y quieze, Imperando Cubosama）（筆者写本所蔵）である。

この報告書は、日本におけるキリシタン弾圧の実態をスペイン国内の一般の人々にも広く知らせるために、支倉やソテロがまだセビィリャ近郊のロレト修道院に滞在していた一六一七年にマドリードで五百頁以上の単行本にまとめられて出版されたのである。その内容は、全五章中に徳川家康、秀忠によって推し進められた駿河及び有馬でのキリシタン迫害当時の日本事情、迫害が他地方に波及した原因、日本全土のキリシタン信徒迫害の一般的状況、慶長十九年の宣教師マカオ・マニラ退去令などが詳細に述べられており、巻末には殉教者（宣教師及び信徒ら）の一覧が記されているのである。

スペインやローマにおいて、こうした日本国内のキリシタン迫害の事実が広く知れ渡っていたことから、宣教師の日本への派遣要請を目的の一つにしていた使節一行が現地で冷遇されたのは当然のことであり、それを「栄光の使節」に仕立て上げようとする

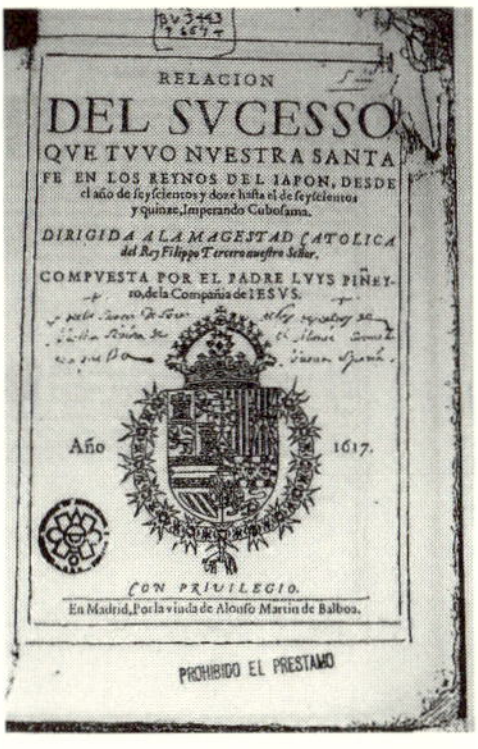
RELACION
DEL SVCESSO
QVE TVVO NVESTRA SANTA
FE EN LOS REYNOS DEL IAPON, DESDE
el año de seyscientos y doze hasta el de seyscientos
y quinze, Imperando Cubosama.
DIRIGIDA A LA MAGESTAD CATOLICA
del Rey Filippo Tercero nuestro Señor.
COMPVESTA POR EL PADRE LVYS PIÑEYRO, de la Compañia de IESVS.
Año 1617.
CON PRIVILEGIO.
En Madrid, Por la viuda de Alonso Martin de Balboa.
PROHIBIDO EL PRESTAMO

イエズス会士ルイス・ピニィエロ師が国王フェリッペ三世に宛てた「一六一二～一六一五年間の日本国内におけるキリシタン弾圧に関する詳細な報告書」（写本筆者所蔵）

のはまったく意味のないことである。

参考までに述べておくが、前記シピオーネ・アマチの『伊達政宗遺使録』は、ローマ教皇庁がプロテスタントに対抗するためカトリック教の威光が遥か遠くの東洋にも及んでいることをドイツ語圏の人たちに宣伝するため、一六一七年フランシスコ会のトビヤ・ヘンジェリウム師によってドイツ語に翻訳された。

3●他力本願型の外交

スペイン側は、メキシコと仙台藩との直接通商開始はフィリピン貿易の妨げとなると判断した。また日本の皇帝（将軍）はキリシタンを許す余地のないことを察知していた。

こうした理由によって、政宗の提案は拒否され、その野望は砕かれてしまったのである。そして、この外交使節は悲惨な評価を得てしまった。お互いのもくろみの違いに原因があったようだが、いずれにせよ、スペイン人が日本人と交渉を持ち始めたとき、決して日本人に対して強い立場にあったわけではなかった。それどころか本書で紹介するように、絶えず何かに怯える状況におかれていた。しかし、彼らの交渉内容には自己が負の立場にあるときにも明確な主張があった。それはキリスト教の布教を日本で公式に認めさせることであった。

こうした結果をもたらしたもうひとつの原因は、スペイン国王やローマ教皇への外交使節文書の作成から交渉まですべてをルイス・ソテロに任せた伊達政宗の他力本願型の外交姿勢にあったといえる。

確かに政宗は、日本がキリシタン弾圧国であるという情報が、スペインやローマに流れていることを知らなかった。とはいえ、たった一人の宣教師に使節派遣の計画から実行まですべてを一任して、一攫千金を夢見たのである。

大使として派遣された支倉自身も、独自の外交手腕を発揮しようとする意欲をあまり持たず、ソテロから指示されるまま行動していた。というより、むしろ言葉も事情も判らなかったため、ソテロを信じてすべて頼る以外に方法がなかったのであろう。

支倉が未知の異郷で過ごした七年余りの年月は、政宗に翻弄されたも同然であろう。支倉は主君の使命を途中で放棄し、いつでも逃亡できたはずである。しかし、彼は人一倍責任感が強く、日本に残してきた家族を大事にする人物だったので、最後まで健康を犠牲にしながら、忠実にその使命を果たそうと努力したのである。

第10節 コリア・デル・リオのハポン姓スペイン人は使節団の末裔か

使節一行はセビィリャに入る前の四日間、コリア・デル・リオというところに滞在した。ここには二年後の一六一六年にも、ローマからの帰途、九ヵ月間にわたって滞在している。

コリア・デル・リオはセビィリャの行政管内にあり、人口二万一千人の農業と漁業が盛んな小都市である。この町にはハポン、すなわちスペイン語で「日本」という姓をもつ人が八百三十人もいる。彼らは使節の末裔ではないかといわれているがその根拠は一体何なのであろうか。

コリア町の役場に勤めているビクトル・バレンシア・ハポン氏の調査で、同町のエストリーア教会に保管されている一六六七年の洗礼台帳に、ホアン・マルティン・ハポンとマグダレーナ・デ・カストロの娘カタリーナの名前が発見された。使節一行がローマからコリアに戻ってきたのが一六一六年であるから、それから五十一年後のことになる。ここで注目すべきなのはホアン・マルティン・ハポンのハポン姓が、第二姓だということである。つまり、母親がすでにハポン性を名乗っていたのである。

この洗礼台帳に記された頃、ホアン・マルティン・ハポンを生んだとすれば、ハポン姓を名乗っていた母親は、ちょうど五十年前に生まれたことになる。そう考えると使節一行がコリアに滞在していた時期とちょうど符合するのである。

ところがハポン姓の人には、コリア・デル・リオの出身者だけでなく、前に述べたメキシコ出身で支倉常長の日本語通訳を務めたフランシスコ・マルティネス・ハポン(Francisco Martinez Japón)がいる。彼の母方の正式な姓はモンターニョであったが、「死者・埋葬台帳」にはハポン姓が使用されている。

コリア・デル・リオの街並み

「ハポン（Japón）」の語源は、マルコ・ポーロの「Zipangu」に由来するという説と、トメー・ピレースの"Summa Oriental"（一五一四年発行）に出てくるポルトガル語の"Jampon"に由来するという二つの説がある。後者の"Jampon"という名称はその後ポルトガル語で"Japão"となり、ラテン語では"Iapan"、スペイン語では"Japón"になった。日本人を意味する「ハポン」の用例は、一五九〇年にセビィリャで刊行されたホセ・デ・アコスタ著"Historia Natural y Moral de las Indies"（インディアスの自然と知恵の歴史）に出てきたのが最初である。

なお、セビィリャ大学のホアン・ヒル教授は、セビィリャ市文書館に所蔵されている十六世紀後半の古文書にハポン姓の記述があることを確認している。

このようにコリア・デル・リオのハポン姓の起源については様々な説があり、コリア・デル・リオのスペイン人が使節一行の末裔であるという学術的な根拠は見当たらない。筆者は使節一行かあるいは日本にゆかりのあった者たちが最初にハポン姓を名乗ったのではないかと考えている。いずれにしても確証はなく今後の研究成果を待つほかはない。

コリア・デル・リオの街並みを臨む

第2章
伊達政宗と支倉常長

第1節 支倉使節団の構成員

慶長遣欧使節団のメンバーは、『伊達治家記録』（貞山公巻二十八）によると、

（慶長十八年九月）十五日、此日南蛮国へ渡サル黒船、牡鹿郡月浦ヨリ発ス、支倉六右衛門常長、並ニ今泉令史、松木忠作、西九助、田中太郎右衛門、内藤半十郎、其外九右衛門、内蔵丞、主殿、吉内、久次、金蔵以上六人不知、ト云者差遣サル、向井将監殿家人十人計リ、南蛮人四十人計リ、都合百八十余人、其外商買人等、共ニ同船ニ乗ル、……（略）、

と、ある。

アマチの『遣使録』第十五章には、

ソテロは国王に暇を請い、パードレ・イグナチオ、フライ・ディエゴ、日本の大使、及びその同伴者、さらに従僕百五十人と共に千六百十三年十月二十八日乗船し、……。

と記述されていて、『伊達治家記録』とほぼ一致する。

日本人百五十人のうち百二十人はメキシコに留まり、一六一四年に日本へ帰った。メキシコに残留した日本人のための通訳だったディエゴ・イバニェスもメキシコに留まり、支倉、ルイス・ソテロ、イグナシオ・デ・ヘススのほかに随員三十人のみがヨーロッパへ旅立った。随員中二名は執事ヴェネツィア人グレゴリオ・マティアスと日本語通訳のメキシコ人フランシスコ・マルティネス・モンターニョ（通称ハポン）である。日本人は支倉を除けば二十八人であった。

スペインからローマに向かった使節のメンバーは、イグナシオ・デ・ヘスス、ファン・ソテロ、シピオーネ・アマティ、グレゴリオ・マティアス、メキシコ人フランシスコ・マルティネス・モンターニョ（ハポン）及び日本人随行員二十一人であった。

ヴァティカン秘密文書館所蔵の記録（Relatione…）によると、ローマを訪れた日本人は、支倉常長の他十五名であったことが確認される。

①シモン・サトウ・クラノジョウ　（佐藤内蔵丞）
②トメ・タンノ・キウジ　（丹野久次）
③トマス・ヤジアミ・カミオ・ヤジエモン　（神尾弥治右衛門）

④ルカス・ヤマグチ・カンジュウロウ　　（山口勘十郎）
⑤ジョアン・サトウ・タロザエモン　　（佐藤太郎左衛門）
⑥ジョアン・ハラダ・カンエモン　　（原田勘右衛門）
⑦ガブリエル・ヤマザキ・カンスケ　　（山崎勘助）
⑧トマス・タキノ・カヒョウエ　　（滝野嘉兵衛）
⑨ペドゥロ・イタミ・ソウミ　　（伊丹宗味）
⑩フランシスコ・ノマノ・ハンベエ　　（野間半兵衛）
⑪パウロ・カミルロ・コデラ・ゲキ　　（小寺外記）
⑫グレゴリオ・トウクロウ　　（藤九郎）
⑬トマス・スケイチロウ　　（助一郎）
⑭ディエゴ・モヒョウエ　　（茂兵衛）
⑮ニコラス・ジョアン・キュウゾウ　　（九蔵）

一方ボンコンパーニ公爵が記載した「使節日誌」では、一六一五年十月十七日、使節は二十七名の随員を従えて到着した、とジェノヴァから報じているが、前記ヴァティカン秘密文書館の記録と随員の人数が異なっている。したがって支倉を数えれば、ローマ入りした使節団は、スペインからメンバーに加わったフランシスコ会修道士を合わせて総勢二十八名で構成されていた。（Nuovi documenti per la seconda Ambasciata, pp. 37-49, P. 39, No. III）

第2節

使節派遣の真の目的は何か ―計画の裏に討幕説―

1●使節派遣の目的の裏に倒幕の意図

遣欧使節派遣の目的は、従来、通商説、軍事制圧（外征）説、天下制覇説などが唱えられてきた。はたして、いずれが真相であろうか。

政宗がヌエバ・エスパニア副王グアダルカサール侯やスペイン本国フェリッペ三世、ローマ教皇パオロ五世などに送った書状によると、ローマ教皇とスペイン国王の保護のもと、フランシスコ修道会の宣教師を奥州に派遣してもらうため、それにヌエバ・エスパニアから金銀採掘技術と精錬技術の導入を意図した直接通商の開始を実現するためであったという。後述するアンジェリスの書簡などによると、ヌエバ・エスパニアとの直接通商の裏には、スペイン本国との同盟締結（申合条々）の意向が秘められていた可能性が高いと考えられる。

政宗のスペイン本国との同盟締結の狙いは、かって世界最強と言われたスペインの強大な軍事力にあったと推察される。この強大な軍事力を背景に、秀忠から政宗の娘婿松平忠輝（家康の六男）に将軍職を譲らせ、自分は執権職にになろうとしたのではないだろうか。

天下取りの夢を賭けた政宗の陰謀説については、これまで多くの研究者や作

スペイン艦隊のガレオン船（エル・エスコリアル宮殿 戦いの間蔵）

家諸氏によって既に世に紹介されている。だが、いずれも政宗の真意の裏付けとなる客観的な史料がなかったため、確証を得ることができなかった。

そのポルトガル語書簡の中でアンジェリスは、政宗の使節派遣に関して次のように証言している。

……。テンカドノ（天下殿）は政宗がスペイン国王に遣わした使節のことを知っており、政宗はテンカ（天下）に対して謀叛を起こす気であると考えていた。……(Jap. Sin. 34, Documento No. 1-5, f. 29)

また、

彼ら（家康および秀忠）は政宗がテンカに対して謀叛を起こすため、スペイン国王およびキリシタンと手を結ぶ目的で大使（支倉六右衛門常長）を派遣したと考えたのであり、ショウグン（将軍）のフナブギョウ（船奉行）であるムカイショウゲン（向井将監）がそれを政宗に伝えた。(A. R. S. I., Jap. Sin 34, Documento No. 1-5, f. 31)。

これまでのところ、このアンジェリスの証言文以外には、討幕説を裏付ける客観的な史料は存在しない。

これらの証言文によると、幕府は政宗の使節派遣の目的が討幕のためであったと気付いていたことが分かる。しかし確たる証拠がなかったため、責任追及ができなかったのではないかと推察される。ところで、東北大学教授の田中英道氏は、著書『支倉六右衛

ガレオン船に取り付けた十七世紀の鉄製大砲（バルセロナ海軍博物館蔵）

門と西欧使節』(丸善ライブラリー、一九九三年)で、フランシスコ会とイエズス会が対立していたからという理由だけで、ジェロニモ・デ・アンジェリスの証言文は信用がおけないと、一方的に否定している。しかしながら、アンジェリスの証言文の信憑性については、同証言文の中の支倉常長が「処刑人の息子」であるという記述は、昭和六〇(一九八五)年一月に仙台市博物館で発見された伊達政宗の自筆の一通の書状にも同様の記述があり、その正確さが証明されている。ちなみに、アンジェリスはこうした機密情報を遺欧使節の計画を直接担当していた奥州見分(現在の岩手県水沢市)の領主後藤寿庵を通して入手していた。なお、松田毅一博士は、自著『伊達政宗の遺欧使節』(新人物往来社)や『慶長遺欧使節』(朝文社)の中で「……アンジェリスの証言は、イエズス会の総長に宛てた(非公開性の)機密に属する私信であり、彼は何ら真実を曲げたり、感情に走って不要なことを書く必要はなかった。」と述べている。さらに同書の中で、「……当時在日したイエズス会宣教師たちの報告書の多くを、一言一句、日本側の史料で検討して何十年もの歳月を過ごして来た者が、個人的にこのアンジェリスの総長宛の書簡は、専門外のことではあるが伊達政宗の遺欧使節に関し、真実を明かすものであると直感したとてあり得べきことであろう。……」とも述べている。

2●討幕説の主な論拠

政宗の遺欧使節派遣の目的が討幕のためであったとする説を裏付けるアンジェリスの

証言文以外の主な論拠として筆者は次の点をあげてみたい。

(1) まずは前述した慶長十八年九月四日付、政宗のスペイン国王フェリッペ三世宛書状付録における「申合条々（スペイン語翻訳文は奥州王伊達政宗とヌエバ・エスパニア副王との平和協定）」の内容である。

この「申合条々」によって伊達藩とスペイン国の間において同盟を締結する提案を行っているが、明らかに徳川幕府の政策に逆行するものであり、公に許されるものではなかったはずである。

それ故に、「申合条々」の内容について政宗が幕府の承諾を得たとは到底考え難く、内密にスペイン国王と同盟関係を結ぼうと考えたのではないかと推察される。

(2) 慶長遣欧使節団が月ノ浦港を出帆する約一年前の一六一二（慶長十七）年後半にフランシスコ会の宣教長となったディエゴ・デ・チンチョン師は、江戸のキリシタン迫害とそれに続く幾つかの殉教に関する詳細な報告を残している。

この報告書によると、幕府は、同年、駿府城内のキリシタン信徒に弾圧を加え、翌年の九月三〇日（慶長十八年八月十六日）には、江戸城下の信徒（三千七百人以上）のうち頭だった者二十八人を斬首した。「将軍の掟を破り、伴天連どもの法に従い、キリシタンの組の頭だった者ゆえ、ここに死罪を賜わる」であった。（『ソテロ伝』）

こうした幕府のキリシタン禁教政策がすでに始まっていたにもかかわらず、政宗はローマ教皇パオロ五世宛の親書のなかで、正反対のキリシタン積極拡大策を表明している。

……（略）私はキリシタンになりたいと思うに至ったのですが、今のところ、どうしてもそうすることのできないような、差し障りになる事情があるため、まだ、そうするまでに至っておりません。しかしながら、私は、領分の国（奥州）で、しもじもの領民たちがことごとくキリシタンになるようにさらに勧奨するという目的のため、サン・フランシスコの御門派の中でも、とくにオウセレバンシア（厳律派の意味）に所属するパーデレ衆（宣教師）を派遣して頂きたく存じます……（略）。

まさに幕府政治に対する挑戦である。

また、本書簡の最後の部分に「なお、このパーデレ・フライ・ルイス・ソテロと、六右衛門とが、口頭で申し上げるはずですから、この人々の申し上げるところに従ってご判断頂きたく存じます……（略）」とある。

公式な書簡を通してローマ教皇に伝えられない機密事項が隠されていたのではないかと推察される。なお、同様の文面は政宗のスペイン国王宛の書簡にも見られる。

いずれにせよ、親書の内容はソテロの策略によるものといえども、政宗自身が直接署名していることから、内容について十分承知していたと考えるべきである。

(3) 慶長十八（一六一三）年十二月二十三日、幕府はキリシタン禁教令を発すると同時に、大久保相模守忠隣《ただちか》を上洛させてキリシタン弾圧を開始した。

この幕府の動きをいち早く政宗に知らせたのが柳生宗矩《むねのり》であった。これに対して政宗

は十二月大晦日付で柳生宗矩に、

尚々其元《なおなおそこもと》の様子弥《いよいよ》重ねて承《うけたまわ》るべく候う、かしく、当月二十四日之状（書状）今日晦日日暮に及んで下着《げちゃく》、具《つぶさ》に披見（開いてみること）申し候う。伴天連（宣教師）払わるるに付きて、大（久保）相州（相模守忠隣）上方へ俄かに仰せつけらるる由、その意を得て存じ候う。之に依り爰元《ここもと》（こちら）なども右の心得仕《つかまつ》る（致します）べき由承り候う。連々（引き続いて）きつく申し付け（命じる）候う。弥《いよいよ》油断存ぜず候う。然《しか》れば我等の事内々に一夜の伺いにも罷《まか》り上り（参上し）、江戸にて越年（年を越すこと）したき（支度）儀に候えども（共）、三月と申すも今の事に候う。其の上上意に候う間、遠慮せしめ（申し上げ）候う。此の段は御年寄衆本佐（本多佐渡守正信）へも度々申す為上り候う事に候う。油断は存ぜず候う。此より以前民部に追いつつけ（すぐに）申付け候う条、申し残し候う。吉事猶《なお》明春を期し候う。

慶長十八年極月《ごくげつ》（十二月）晦日《かいじつ》　　　恐惶謹言

（仙台市博物館所蔵）

と、直ちに、伴天連追放を命じるという内容の返書を送っている。

だが、政宗は実際には伴天連追放など、キリシタンの取締りはまったく行わず、キリシタン弾圧を開始したのは、支倉が仙台に帰着した元和六年（一六二〇）以降であった。

つまり、政宗は幕閣に対して表向きはキリシタン禁教令を発したようにみせかけ、実際には何もしなかったのである。

(4) 政宗は当初から幕府と協力してヌエバ・エスパニア副王の答礼大使セバスチャン・ビスカイノ司令官の送還と、ヌエバ・エスパニアとの直接通商開始のための訪墨(メキシコ)使節派遣を計画し、伊達藩の今泉令史《さかん》と松木忠作の二人を使節として選任している。

幕府は西国諸大名が五百石積み以上の大型船を建造することを禁じていた。しかし、政宗の訪墨使節団には幕府が深く関与していたため、「サン・ファン・バウティスタ号」の建造が特別に許可され、船大工が派遣されたのである。つまり訪墨使節団の派遣は幕府と伊達藩が合同で計画したものである。そして、訪墨使節団派遣計画に便乗する形で、その後スペイン本国およびローマまでの伊達藩単独の支倉遣欧使節団が編成されたのである。

(5) 幕府のキリシタン禁教令が発せられてから、年々取締りが厳しくなったにもかかわらず、政宗は支倉ら訪欧使節団に対し、日本へ引き返す指示を最後まで出さなかった。政宗は幕府の政策を無視して最後まで自分の目的を果たそうとしたのである。そのため幕府から天下に対して謀叛を起こすために使節を派遣したと疑われたのである。

ちなみに、政宗は支倉六右衛門やソテロと、日本―マニラ―ヌエバ・エスパニア(アカプルコ港)―スペイン間の定期便を利用して頻繁に書簡の遣り取りをしていた。これを裏付けているのが、一六一六年八月二〇日、伊達政宗は支倉の依頼を受けて使節一行を出迎えるために、「サン・ファン・バウティスタ号」で仙台藩士横沢将監をアカプルコへ派遣していることである。

(6) 一六一六年二月二十九日付の平戸イギリス商館長リチャード・コックスの日誌に、「上総介《かずさのすけ》（松平）忠輝反乱の噂が流れ、伊達政宗がこれを支持しており戦乱の起こる恐れがある」と、記述されている。コックスは同年八月二〇日に城代板倉伊賀守を訪ねて挨拶の言葉を述べた後、陸路江戸へ向かった。途中、掛川で伊勢朝熊《あさま》山へ護送される上総介忠輝の一行に出会い、幕府が伊達政宗を攻撃するとの噂を耳にしている。

(Cocks. Richard"Diary of Richard Cocks & cape-merchant in the English factory in Japan. 1615-1622 2 vols. Ed. Thompson. London. 1883.)

(7) 支倉常長は、ローマ教皇に対し、伊達政宗及びその領地を教皇の最高権力の下に加えてくれるように請願している。(Boncompagni, PP.) 結局、この申し立ては却下されたが、伊達政宗はローマ教皇の配下になればスペインとの軍事同盟締結も容易になり、同時に、討幕のために日本へスペイン艦隊を派遣してもらえると考えたと推察される。

第3節

帰国後の支倉たち　―支倉の仙台帰着後キリシタン迫害開始―

一六二〇年十一月三〇日付のアンジェリス書簡によると、

……（略）。現在、私がいる場所は奥州と称し、東の一地方であり、長さはイタリアのレーグアにして一六九あり、幅は所によって五〇および四〇レーグアある。したがって、この奥州の地は日本の全島の四分の一を超える。ただし、（総長）猊下にお断りしておくが、ルイス・ソテロが使節の地位を高めるためヨーロッパにおいて言ったような、全奥州が政宗に属しているわけではない。すなわち、彼が有しているのはその四分の一に過ぎず、その他は日本の諸領主によって分割されている。これまで政宗の領地ではキリシタンを迫害することはなかったが、ルイス・ソテロと共にエスパニアとローマに赴いた政宗の大使ファシェクラ・ロクエモン（支倉六右衛門）の帰着により、彼は私が領内で洗礼を授けたキリシタンや、その他フランシスコ会の一修道士が洗礼を授けたキリシタンを迫害し始めた。（総長）猊下よ、ソテロとその殿なる政宗の使節はいとも多数の枢機卿の参集のもと、かくも大なる賞賛と名声を博し、彼（政宗）に関して数多くの賛辞が述べられ、彼は洗礼志願者であり、直ちにキリシタンになるであろうと言われたが、その使節の行き着いた結末をご覧あれ。政宗には教皇と国王に使節を派遣し、自らキリシタンになる考えなど毛頭なかったのであるから、すべては司教位を得んがためのソテロの策略である。……（略）。政宗は六右衛門を大使として派遣したが、同人は父が政宗の財産を多数盗んだため斬首（日本側資料では切腹）されるところであった。政宗は彼が（航海の）途中で死に、二度と日本に帰らぬであろうと考えたので、その死（刑）を使節行きに替えた。ところが、事実は反対であって、六右衛門は死なず、再び日本に戻って来たので、政宗は彼が日本に（帰）着したと聞くと、テンカドノ（tenkadono/天下殿・将軍）に対する恐れから、領内のキリシタンを迫害することに決した。テンカドノは政宗がエスパニア国王に遣わした使節のことを知っており、政宗はテンカに対して謀反を起こす気であると考えていた。そのため、政宗はエスパニア国王への使節派遣はテンカに対して謀反を起こすためではなく、また、キリシタンと手を結ぶためでもないことをテンカドノに示すべく、直ちに使者を彼のもとに遣わし、キリシタンに対する残虐な迫害を始め、我らの聖なる信仰を棄てることを望まなかったことにより五名のキリシタンを即座に斬首に処したからである。

今後、他のキリシタンを処刑してゆくことであろう。大使は信仰を棄てたと言われており、私は哀れな人々が殺される土地にいるので、やがて我が身に降り掛かるであろう不幸な結末を待ち受けている。……（略）

また、一六二〇年十二月付けのアンジェリスの書簡では、繰り返される政宗によるキリシタン迫害と支倉の棄教の様子について次のように伝えている。

政宗はエスパニア国王とローマ教皇のもとに使節を派遣したことからテンカ（天下）を恐れるあまり、あのようなサマタゲ（切支丹迫害）を行っているものと思われる。

ショウグンの父（家康）とショウグン自身はそのすべて……（解読不明）であり、使節のことをあまり快く思っていなかった。むしろ彼ら（家康と秀忠）は、政宗がテンカに対して謀反を起こすため、エスパニア国王、及びキリシタンと手を結ぶ目的で大使を派遣したと考えたのであり、ショウグンのフナブギョウ（船奉行）であるムカイショウゲン（向井将監）がそれを政宗に伝えた。このような次第であったから、政宗は大使の帰着により、キリシタンと手を結ぼうとしたのではないことをショウグンに示そうと欲した。それゆえ、六右衛門が仙台に到着するや、早速二日目にキリシタンに対する三ヶ条からなるホウシキ（a funda do foxxiqi／法式＝法律）の札が立てられた。すなわち、

第一条、テンカ（天下）の法度（fatto da Tenca）であるため、領内のすべてのキリシタンは（仏教徒に）帰依することを命じる。もし転ばぬ（棄教せぬ）場合、チギョウトリ（知行取り）の者は追放され、マスチジェニ（町人）やファウショ（百姓）、マタオチ（陪臣）の者たちは死罪にされること。

第二条、キリシタンのシェンサク（穿鑿）の際、それ（キリシタンである）と分

からない場合、これを見つけた者にはフォウビ（褒美）を与えること。

第三条、（すべての宣教師は）その札のことについて知った時には速やかに領内から去ること。もし去ることがメイワク（迷惑＝苦悩）であると言うのであれば、信奉している教えを棄てて、適宜、留まるべし。

この札が立てられると、キリシタンは様々な方法で責められる（責める）ようになった。何処でもそうであるように（信仰の）強い者と弱い者があり、堅固な人々の内、私の滞在地では三名が、また別の場所では大半の人々の恐怖に対し、二名が殉教を余儀なくされた。幸運なる彼らはかくも良き最期を迎えた。（中略）政宗は、テンカのため全員が転ぶことが望まれており、その後、従前通りのキリシタンであることを望むならば、そうなるべしと言ったので、（やがて）平穏に帰するものと思われる。（しかし）これは悪魔の約束である。（後略）

第4節　支倉常長の棄教説と謎の終焉の地

1●曖昧な支倉棄教説

アンジェリスは支倉の棄教の噂について、次のように述べている。

……（略）。嘘か真か分からないが、大使の六右衛門は、彼の異教徒の甥の言葉によれば、転んだ（棄教した）という。何らかの動きがあるように思う。なぜならば、彼の甥は某キリシタンにそう語ったが、それは六右衛門をけなしてのことで、六右衛門はフィキョウモノ（fiqiomono／比興者＝道理に外れる者）であり、南蛮において洗礼を受け、ヨーロッパで数多くのチソス（馳走・もてなし）を受けたからと言ったからである。……

と、批判的に書き残しているが、支倉の甥の漠然とした証言だけをもとにして述べており、それを客観的に裏づける証拠は見当たらない。

また、ポルトガル人のイエズス会士ジェロニモ・ロドリゲスは、一六二二年十月四日付で、ローマのイエズス会総長に宛てた書簡の中で、支倉の棄教について次のように記述している。

大使が帰着して十日になっても、彼（政宗）は謁見を許さなかったので、大使は苦悩し続けた。大使がもしキリスト教を棄てるならば謁見を許そうという政宗の言葉があり、大使自身も、もし信仰を棄てれば王側（政宗側）が抱いていた嫌疑も晴れようと考えた。大使が政宗にいったい何と答えたのかは定かではないが、この返事を受けて政宗が或る時宮殿で大使と会ったということは事実である。家老たちは大使をなおも恐れ、なかなか譲歩をしなかったので、大使は自身で身を引いた。同時に大使はある異教徒の甥の不運を暴くことに同意まで見せたため、多くのキリシタンの憤怒を買った。この両者をおさめるため、大使はぐずぐずして曖昧な答えをしたと人々に広く言われているが、これが正しい判断であろう。とにかく、大使は間もなく死んだことで、神の審判が下されたのである。

と、アンジェリス書簡と同様に、噂や第三者からの話をもとにしており客観性に欠けるのである。

いずれにせよ、支倉の信仰の結末に関してもイエズス会とフランシスコ会の間の対立が影響しており、双方の言い分が大きく食い違っている。ちなみに、当時のイエズス会とフランシスコ会の対立には、ポルトガルおよびスペインの二大競争国の対立と宣教師の派遣、司教座＝司教任命権、教会、学校、病院の設立や運営の義務、司教や宣教師の選択権を内容とする布教保護権の問題が根底にあった。

ところで、支倉も当時迫害を受けて殉教死したキリシタンと同じように、簡単に棄教したとは考えられないのである。なぜならば、彼は主君伊達政宗に対して非常に忠実であったので、神の前で誓ったその信仰に対しても忠誠を尽くしたと考えるべきである。支倉は自分の信仰を表すことができなかったのである。彼にできることは沈黙を守ることだけであった。沈黙を守ることは決して信仰を棄てたことには結び付かないのである。

2●支倉の終焉の地はどこか

支倉は、元和六年八月二十六日、ヨーロッパからフィリピンを経由して仙台に帰着した。その二年後の元和八年（一六二二年）七月一日に五十二歳で病死した。しかし何処に葬られたか、何処に墓があるのかはっきりしていなかった。

ところが、彼の墓について明治二十七年二月十八日、仙台の有志者、文学博士大槻文彦、光明寺兼務東昌寺住職国安敬州和尚、飯川勤、鈴木省三、西山満二郎らで編成した「支倉常長終焉墓地探索グループ」が、光明寺にある支倉家代々の墓について調査を進めた結果、常長の墓を発見するに至ったのである。認定の経緯について大槻文彦博士は、自著『金城秘韞補遺』（明治三十四年）の五一頁で次のように記している。

……支倉氏ノ墓ノ事ヲ問ヘルニ、（国安敬州）和尚云フ、支倉氏ノ墓ノ事トアラバ、諸君ノ光明寺ノ墓域ニ、一基ノ古墳アリ、己レ、幼キヨリ聞ケルハ、唯、遼遠ナル国ヘ行キテ帰リシ人ノ墓ナリト云フ、往時ハ、世上ニ、支倉氏ノ事ナド、語ル人ハ甚ダ稀ナリキ、サレバ、深ク心ヲモ留メズシテアリシニ、（中略）近キ頃、光明寺ノ雛僧、何レヨリカ、長方形ナル石ヲ得来テ、庭ノ面ニスエタリ、見レバ、支倉常信ノ文字アリ、何レヨリ持来レルカト問ヘバ、伴ヒ行キテ、此所ナル土中ヨリ得タリト云フ、即チ、支倉氏ノ墓ト認ムル邊ナリシカバ、石ヲバ元ノ所ニスエ置ケリ、是レモ一ツノ確証ナルベシ、ト語レリ、（中略）高サ、一尺六七寸、幅五六寸、前面ニ、奉献、支倉斎常信ト刻メリ、即チ、常長ノ孫常信ノ、祖父ノ墓前ニ供セシモノナルコト知ラレタリ、是ニ於テ、常長ノ墓ハ発見セラレ又、今ハ何ヲカ疑ハムト、人々、歓喜踊躍シテ、墓前ニ羅拝セリ、此日ハ、明治二十七年二月十八日ナリ、

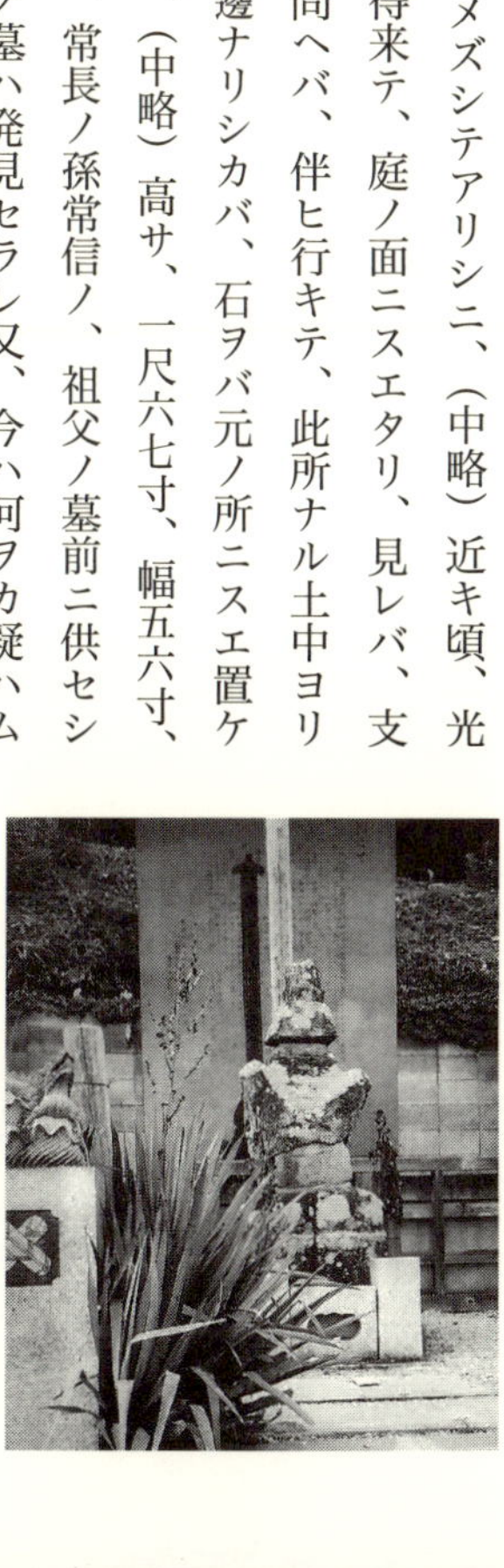

宮城県柴田郡川崎町支倉の円福寺にある
支倉常長の墓（筆者撮影）

（後略）

しかしながら、常長の墓は光明寺のほかに、実父常成所領の知行地だった宮城県柴田郡川崎町支倉の円福寺と、黒川郡大郷町東成田、西光寺部落の山中にもある。これら三つの墓のうち、どの墓が本当の常長の墓なのか知るすべもないのである。

第Ⅱ部　文倉常長肖像画をめぐる謎

第1章

国宝「支倉常長半身像」をめぐる謎

第1節　支倉半身肖像画伝来の経緯

現存する支倉六右衛門長経（以下常長）の肖像といわれるものには、

①　仙台市博物館所蔵の国宝「半身像」（フランス人画家モンスー・クラウディオ〈クロード・ドゥルエ〉作、制作年一六一五年、縦八〇・八センチ、横六四・五センチ、キャンバス油彩）（図1）、

②　ローマ・ボルゲーゼ家所蔵の通称、支倉常長全身像といわれる「日本人武士像」（イタリア人画家アルキータ・リッチ作、縦一九六センチ、横一四六センチ、布、油彩）（図2）、

の二点の油彩画がある。

③　そのほかローマの大統領官邸クィリナーレ（Quirinale）宮殿にフレスコ壁画の「東洋人の群像画（通称、慶長遣欧使節団群像画）」（縦四メートル、横二メートル）（図3）がある。

これらの肖像画のうち、現在、仙台市博物館に所蔵されている国宝の「支倉常長半身像」は、ローマ教皇パオロ五世の命によって支倉がローマ滞在中に描かれたものである。支倉常長は一六一六年一月四日に、帰国の報告とローマ滞在中に受けた厚意に対し深く感謝の意を表するために随員とともに教皇に謁見した。その際に教皇から聖像、ロザリオなどとともにこの「半身肖像画」を贈られ、支倉自身が直接持ち帰ったものである。「国宝・支倉常長半身肖像画」について、『伊達治家記録』「貞山公巻二十八」（一六二〇年九月二十二日〈元和六年八月二十六日〉付）に、次のように記録されている。

今日支倉六右衛門等、南蠻國ヨリ歸朝ス、是去ル慶長十八年ニ、向井將監殿忠勝ト御相談合有テ、渡海セシメラル、南蠻ノ都ニ至リ、國王、波阿波（ローマ教皇）ニ謁シテ、數年逗留ス、今度呂宋ヨリ、便船ニ歸朝ス、南蠻國王ノ畫像幷ニ其身ノ畫像等持參ス、是南蠻人図畫シテ授ル所ナリ、南蠻國ノ事物、六右衛門物語ノ趣奇怪最多シ。

この伊達家の公式文書によって、遣欧使節である支倉常長の半身肖像画は、その旅行の途中で描かれ、南蛮国王（ローマ教皇）の肖像画と共に寄贈されて支倉常長自身が持ち帰ったものであることが実証される。

図1　東京芸大美術学部絵画組成研究室によって修理が行われた直後に仙台市博物館が撮影した「支倉半身肖像画」（現存画）。（仙台市博物館から許可を得て筆者が接写撮影）

図2 「日本人武士像」（通称、支倉常長）。（ローマ・カヴァッツァ伯所蔵）

図3 「東洋人の群像画」（ローマ・大統領官邸クィリナーレ宮殿蔵。筆者撮影）

使節一行の帰国と同時に仙台藩もキリシタン禁教令の布令を出したため、支倉自身が将来したこの半身肖像画は仙台評定所（旧藩裁判所）切支丹改所の御物置に収められることとなり、以後、重苦しい鎖国令が廃止されるまでの二百数十年にわたって延々と同切支丹改所の篋底《きょうてい》深く眠っていた。

支倉の将来品は年に一度の風入れ（虫干し）を行い、伊達家の家臣の一部に公開されていた。こうした支倉の肖像画を含めた将来品の風入れの様子を紹介した記録には、安永三年（一七七四年）七月二十三日に伊達藩小姓頭を務めていた高野統兼《むねかね》の「高野家記録」（『仙台郷土研究』復刊第十五号巻第二号、通巻二四一、平成三年二月）と文化九年（一八一二年）に蘭学者大槻玄澤が著した「帰朝常長道具考略」がある。

前者の「高野家記録」に残されている支倉の肖像画に関する記述は次の通りである。

> 七月二三日天晴朝夜涼、昼暑如熱、南蛮江披遺候支倉六右衛門持参之品、今日風入有戸田典膳殿為知候ニ付、統兼武輔相誘四鼓出宿相赴、典膳殿橋本左内殿出席也、風入品大概如左……（略）かけ物六右衛門拝像画六右衛門拝礫所、礫は釈迦と云、六右衛門頭惣鬢也、無異事、服ハ南蛮之服油絵と申伝所、恰も如生精神可爛体也

十字架に礫になっているのが「キリスト」ではなく「釈迦」であると記述されているのはキリシタン禁教令のせいと思われるが、「キリスト」と分かっていたにもかかわらず敢えて「釈迦」と書き残したのであろう。それだけキリシタン禁教令は厳しかったのである。

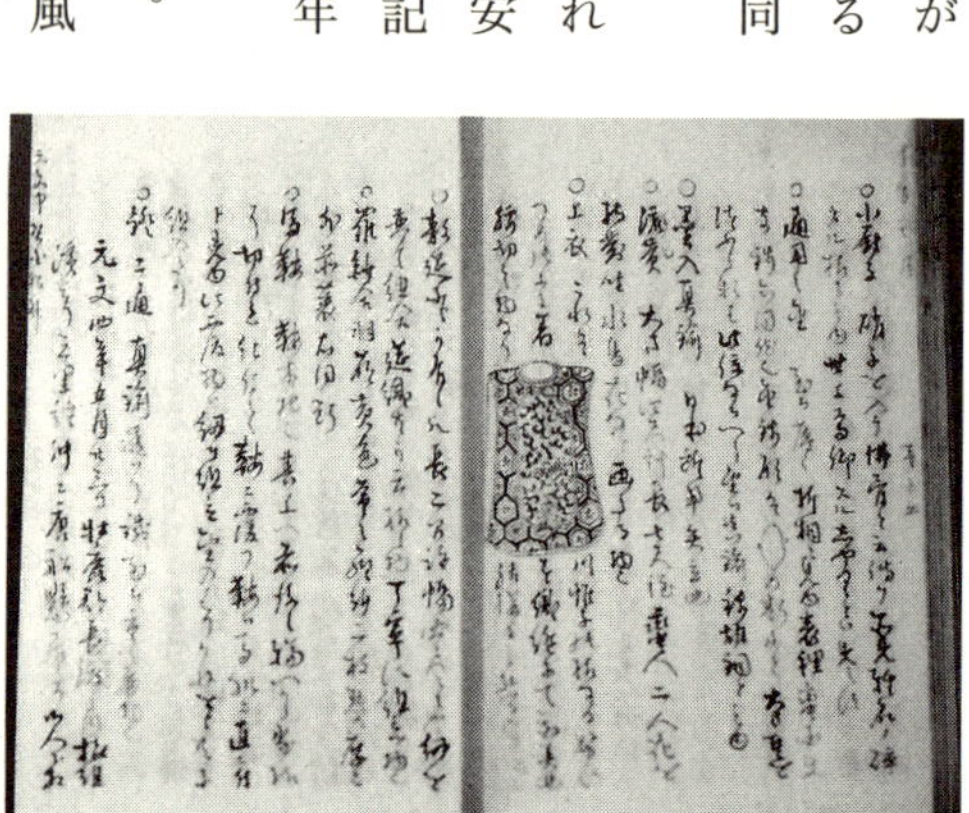

「高野家記録」安永三年（一七七四）。（『仙台郷土研究』復刊第十五号巻第二号、一九九一年より）

後者は、一八一二年十一月七日（文化九年十月四日）、蘭学者の大槻玄澤は藩主の命により、遣欧使節資料の一覧を許され、評定所内の切支丹所において入記《イレキ》（目録）の順次に従って、半日にわたって入念に調査した。支倉の半身肖像画を含めた調査品目についての説明は、遺稿「帰朝常長道具考略」（『金城秘韞』の「仙台黄門遺羅馬使記事」中）の中で詳述されている。

そして明治維新（一八六八年）となり、「支倉の半身肖像画」は明治四年に伊達藩から宮城県へ移管されている。

第2節 明治になって公開

わが国において「支倉の半身肖像画」の存在が初めて世に知られるようになったのは、一八七二（明治五）年九月十八日付「大隈文書」（早稲田大学図書館所蔵）の大政官諜者報告第五十七号によってである。この報告書によると、

同（九月）十三日宮城県窪田敬助（または啓輔）ノ曰く、故主伊達政宗洋教ヲ信シ家士長谷倉某（支倉常長）ヲシテ羅馬ニ到ラシメ教理ヲ学ハセ後長谷倉教師（宣教師）二人ヲ携ヒ帰国ノ処政宗死後且旧幕三代将軍邪教宗厳禁教法弘通ハ申シ及ハ

ス……（略）。其時ノ由来記十字架ノ画像等庫中ニ秘メ代々相伝ル……（略）。御新政廃藩ノ砌リ右由来記等桐函ニ蔵メ県庁ニ渡ス……（略）

と、廃藩によって（伊達藩から）支倉の半身肖像画などが桐箱に収められて県庁に渡されたことがわかる。したがって、この文書によって、支倉の半身肖像画の存在が日本国内で初めて世に知られるようになった。

その後、当該肖像画は一八七六（明治九）年の仙台博覧会に伊達家の公文書などと共に初めて一般に公開された。むろん、折から奥羽・北海道方面へと巡幸中の明治天皇の巡行コースにも加えられ、天皇は一八七六（明治九）年六月二十五日に同博覧会場で当該の肖像画をとくとご覧になられたとのことである。かくして、支倉の肖像画が歴史の中で照明を当てられることになった。

明治天皇の東北御巡幸一行に随行した東京日日新聞記者（後に編集長）の岸田吟香（一八三三～一九〇五年）は、『御巡幸ノ記』と題して、明治九年七月三日付け（第千三百七十二号）同紙に次のような支倉肖像画に関する観察記録を書き残している。

其の中でも尤も奇とすべきは、支倉六右衛門の画像なり、余ほど摺たれども誠によく出来たる油絵にて、襟飾りの袖口などは全く千五百年頃の西洋の風俗にて、黒の衣服と思はれ其製は西洋の僧服と日本服とを折衷したる如し、鮫柄の短刀に眞紅の下緒を長く垂れたるを佩ひ眼を見張りて両手を合せ、耶蘇の十字架の像を崇拝する図なり。

明治九年七月三日付け東京日日新聞に紹介された支倉常長のイラスト

と、初めて支倉常長の肖像画に関する細々とした事柄が明らかにされたということで注目された。

第3節 国宝「支倉常長半身像」の制作者と由来

さてここで、当該肖像画の制作者について検討してみることにする。

太政官《だいじょうかん》史官の平井希昌《ゆきまさ》（一八三九〈天保十〉～一八九六年〈明治二十九〉）は、この「支倉半身肖像画」の制作者や観察による印象などについて、自ら編纂し、明治政府主導で出版された『［伊達政宗］欧南遣使考』（博聞社刊、明治九年十二月）の緒言に、次のように記述している。

聖駕北巡ノ盛挙アリ、宮城縣駐蹕ノ際、六月二五日ヲ以テ、仙臺博覧場ニ幸ス、場中ノ列品、古物珍器、山ノ産スル所、海ノ出ス所、無慮八百餘種、爭フテ叡賞ニ供ス、而シテ伊達氏ノ列品、最多ク最奇ナリ、就中支倉六右衛門ノ肖像、羊皮紙ノ羅甸文、其他教門中ノ噐物等之ニ屬ス、皆ナ元和、慶長間（洋暦千五六百年）ノ物ナリ、還駕ノ後、旨ヲ縣官ニ諭シ、此等ノ物ヲ東京ニ郵送セシム、岩倉右府閣下之ヲ希昌ニ示シ曰ク、是等ノ品既ニ二百有餘年ノ星霜ヲ經、傳ヘテ今ニ至ル、實ニ稀

支倉常長像。『文』第四巻第六号三五三頁（明治二十三年六月）に所載

世ノ珍ト云フヘシ且ツ古ヲ考フルノ一大要具也、而シテ古物毀損シ易シ、爲メニ叮嚀装補シテ、以テ永久保存ノ計ヲ爲シ、且ツ爲メニ事蹟ヲ考索シ、之ヲ略述セサルヘカラスト、希昌受ケテ之ヲ一観スルニ、第一品支倉ノ肖像ハ、伊太利國良工ノ油畫ニシテ、彩色稍ヤ褪キ、所々蝕破ノ痕ヲ見ルト雖モ、其神生ケルカ如ク、以テ氏ノ勇膽ヲ見ルニ足ル、頭髪ハ腦後ニ紈結シ、服ハ黒色狹袖ノモノヲ穿チ、襟袖白紋ノ飾リアリ、鯊皮鋏短刀ヲ佩ヒ、長紅緣ヲ垂下シ、掌ヲ合セ眼ヲ張リ、耶蘇十字架ニ對シテ、禱ル所有ルカ如シ、

《仙台博覧会開催中でしたので、六月二十五日は陛下にご覧頂くことになりました。会場の陳列品は、古物骨董品から山のもの海のもの等出品され、陛下のご覧にいれようと競って展示されてありました。その中で伊達家関係のもの一番多く、そして大変珍しいものでした。中でも支倉常長の肖像、羊皮紙に書いたラテン語の文章その他キリスト教関係の器物等で、これらすべて慶長、元和年間（西暦一五〇〇〜一六〇〇年代）のものでした。陛下がお帰りになったあと県の役人に、これらのものを東京に送るようにとのお沙汰があって郵送されました。時の右大臣岩倉具視閣下はこれを見て次のように絶賛しました。「これらの品々は二百年以上も前のもので、今日までよく保存し、稀に見る珍品である。昔のことを研究するのに大変参考になるものである。古いものは壊れやすいので、丁寧に補修して永久保存をはかり、彼の業績を調べこれを記述しておかなければならない。」私は岩倉卿の絶賛を受け

たこの品々をあらためて観察してみることにしました。最初の品支倉常長の肖像はイタリア人画家の油絵で、彩色は少々褪せ、ところどころ腐蝕したあとがみられますが、恰も生きているようで勇ましい彼の姿を彷彿させるに充分であります。頭髪は後ろに丸く束ね、着ている服は黒色で袖が細く、襟袖に白紋の飾りがあり、鮫皮の鞘におさめた短刀を帯び、長い赤い紐を垂れ下げ、合掌して目をパッチリとあけ十字架に対して祈っている姿のようです。……（略）》

平井希昌は『欧南遺使考』の本文の中で、支倉常長の肖像画はイタリア人画家の油絵であるとし、また、同書の巻末に「支倉常長ノ肖像但伊太利国名工ノ油絵ナリ」と現物模写画だけを紹介していて、具体的な制作者の名前は明記していない。

これを引用した大槻文彦は、『文』第四巻第六号（明治二十三年六月、金港堂発行）の中で、支倉常長半身肖像画の制作者とその特徴について、次のように述べている。

文彦云、支倉氏の肖像竪二尺七寸余幅二尺一寸半今其面部ノミ縮写シテ掲グルコト図の如シ、遣使考ニ曰ク支倉ノ肖像ハ伊太利国良工ノ油画ニシテ彩色《さいしき》稍ヤ褪《あ》キ所《しょ》所蝕破《しょしょくは》ノ痕ヲ見ルト雖も其神生ケルガ如ク以テ氏ノ勇膽ヲ見ルニ足ル頭髪ハ脳後ニ紈結シ服ハ黒色狭袖ノモノヲ穿チ襟袖白紋ノ飾リアリ鯊皮鋏ノ短刀ヲ佩ビ長紅緌ヲ垂レ掌ヲ合ハセ眼ヲ張リ耶蘇十字架ニ對シテ禱ル所アルガ如シ云云

そして、

羅馬法王、并ニ支倉常長ノ油絵肖像ハ、当時、羅馬ニテ有名ナル画工「ティン・

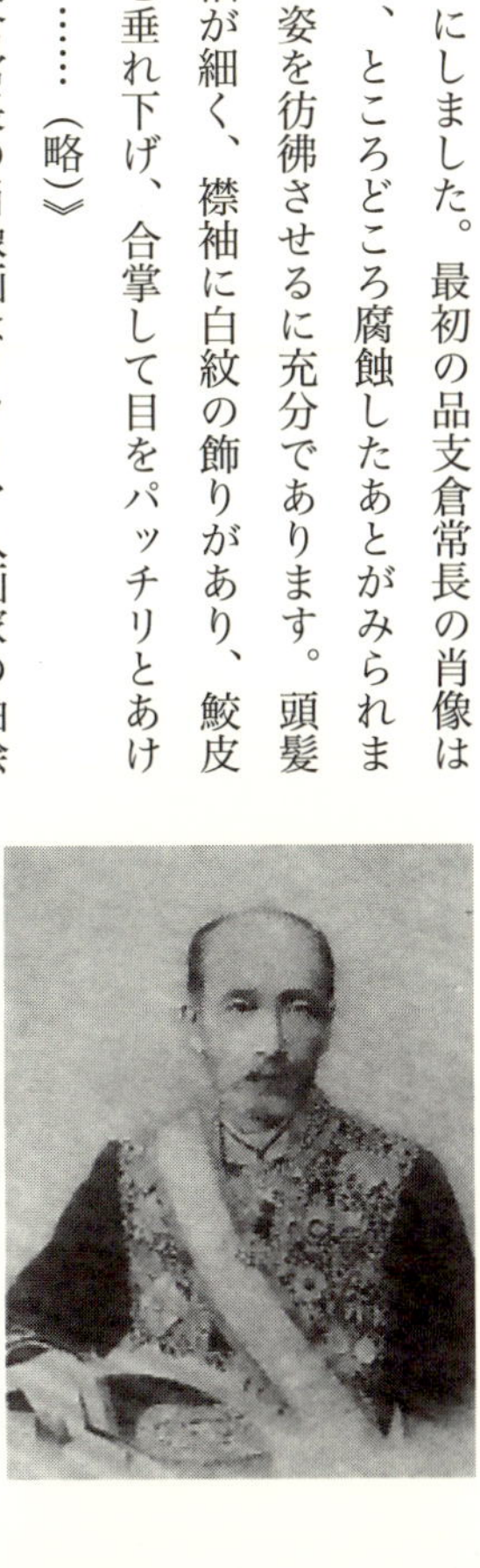

平井希昌肖像写真

トレット」ノ作ナルベシ、ト云ヘル人アリ

と書き残している。したがって、この「半身肖像画」が世に知られるようになった当初はイタリア人画家「ティン・トレット」の作品と考えられていた。

これは「貞山公ノ欧南遣使―顛末ノ大要」（『伊達家史叢談』巻ノ四）の「遣欧使齎帰ノ記」第四の「支倉常長カ油絵肖像」に、

竪二尺二寸、幅二尺、其像右側面シ、合掌シテ、十字架ニ対シ祷リテアルカ如シ、頭髪ヲ脳後ニ綰シ、黒キ窄袖ノ衣ヲ着テ、短刀ヲ佩ビタリ、〇米国ノ学士メリユザー氏曰ク、有名ノ画工ピントレットノ筆ナリ、又仏国ノ博士ナホツト氏曰ク、予画ノ鑑識ニ乏シト雖モ、恐ラク、ピントレット氏ノ筆ナラン、氏ハ当時欧州第一ノ画工ニシテ、現時遺墨甚ダ稀ナリ、若シ予ガ説ニシテ、誤リナカラシメンバ、拾万弗ヲ価セリ、

と記されている。この中で米国人メリューザとフランス人ナホットの二人がいずれも「ピントレット（ティントレット）ノ筆ナリ」と述べていることを平井希昌と大槻文彦が引用して「ティントレット」の作品であると紹介したのである。

このように大槻文彦は制作者名を特定できず、漠然と「ティン・トレット」（ティントレット〈Tintoretto〉）の作品であると伝えられているとだけ記述しているのである。ティントレットが末期ヴェネツィア・ルネサンス時代を代表する偉大な画家であったという理由から、誰かが何ら具体的な根拠がないにも関わらず、そのような説を生み出し

たと考えられる。ちなみに、ティントレットは、一五一八年九月二十九日にヴェネツィアの染物屋の息子に生まれ、ティツィアーノの門下に入るが、師がその才能を嫉妬したのですぐその門を去った。二十一歳で画房を構え、二十九歳のとき描いた〝最後の晩餐〟ですでにミケランジェロと並び賞される大家となり、一五九四年五月三十一日に七十五歳でこの世を去っている。支倉常長がローマを訪れたのは一六一五年なので、その二十年近く前にすでにこの世の人ではなかったのである。

その後、ヨーロッパにある日本関係資料の調査を文部省から命じられた村上直次郎（一八六八〜一九六六）が一八九九（明治三十二）年から三年間にわたって調査・蒐集した成果のうち、慶長遣欧使節に関する浩瀚な史料集『大日本史料』第十二編之十二が、一九〇九年（明治四十二）に東京大学史料編纂掛（現在の東京大学史料編纂所）から出版された。この史料集の中のローマ市国立文書館（A. S. R.）に保管されている「教皇パオロ五世一般出納帳」（Libro della Depositeria Generale di Papa Paolo Quinto）（一六一五年度）の項目に、

　一月二十三日、教皇（パオロ五世）の命によって描いた日本の使節のための肖像二枚の代金百二十スクードを会計主任の指示により、フランス人画家「モンスー・クラウディオ（クロード・ドゥルエ）に支払った。(A. S. R., Camerale, 1, 1877)

と記録されていることが紹介された。この記録によって「支倉常長の半身肖像画」の制作者名はフランス人画家「モンスー・クラウディオ（クロード・ドゥルエ Claude

Deruet）であることが判明し、それ以来定説となっている。

すでに述べたように、明治九年（一八七六）六月二十五日、明治天皇の東北巡幸の時に仙台博覧会場で初めて支倉の半身肖像画の実物が陳列された。そしてこの時随行していた右大臣岩倉具視が、「……（略）、而シテ古物毀《き》損《そん》シ易シ、為メニ叮寧装補（いたんだ所を補い直すこと）シテ、以テ永久保存ノ計ヲ為シ（古いものは壊れやすいので、ていねいに補修して永久保存をはかり……）」と絶賛し、宮城県の役人に、（支倉の肖像画およびその他将来品を）東京に送るようにと指示し、直ちに郵送させたのである。この記述から判断すると、このとき岩倉具視の指示に従って、腐蝕していた「支倉半身肖像画」とその他の将来品は何らかの修理がされた可能性が大きい。

これらの遺物は桐の箱に納められて、東京の博物館で陳列公開された後、宮城県に返還されている。

明治十八年八月九日付仙台藩知事伊達宗基の日誌「鶴城公記」に、「宮城県庁下ゲ渡シノ内支倉六右衛門持帰リ品ヲ更ニ博物館ニ貸与。」と記述されている。つまり、支倉半身肖像画は、再び東京に送られ、博物館に貸し与えられて展示されたのである。その際、支倉半身肖像画の写真撮影が行われ、同博物館に所蔵された。

さらに、大槻文彦は前述した『文』第四巻第六号の中で、支倉半身肖像画の由来について、

文彦云右支倉六右衛門氏携帯器具ハ如何ナル仔細ニヤ維新ノ後藩ヨリ悉皆県庁へ

引渡シトナリ県ヨリノ出品トシテ東京上野ナル博物館ニ差出シテアリシヲ是ハ藩政県治ニ關係スル品ニテモナク全ク伊達家ノ私有品ナレバ下渡シアリタシト去年（明治二十二年）春中同家ヨリ出願アリタレバ乃チ再ビ同家へ戻サレテ現今ハ同家ノ所有品トシテ尚同館ニ出品陳列シテアリ好事ノ人ハ就キテ覧ルベシ。……（略）

と支倉半身肖像画など関係資料が、明治二十二年（一八八九）七月二十九日に宮城県から伊達家に還付下げ渡されたと書き残している。

第4節　「古写真」の発見　—現存画と異なる衝撃的な画像—

さて、筆者は一九七九（昭和五十四）年にメキシコから帰国して日本大学国際関係学部に奉職するようになってからも、専門の「国際経営論」や「危機管理論」の研究の傍ら、ライフワークとして支倉常長の研究を続け、国内外の文書館や図書館において関連史料の探索、収集に努めている。

帰国して十年後の一九八九年二月、現存する支倉半身像と顔やその他がまったく異なる画像写真（図4 A、B）が載っている伊勢斎助・大内大圓編『支倉六右衛門常長齎歸品寶物寫眞』帳（昭和三年発行）を国立国会図書館で、また伊勢斎助編輯『伊達政宗

図4A　伊勢斎助・大内大圓編『支倉六右衛門常長齎歸品寶物寫眞』帳掲載の「古写真」（国会図書館蔵）

図4B　伊勢斎助編輯『伊達政宗歐南遣使考全書』掲載の「古写真」（宮城県立図書館）

『支倉六右衛門常長齎歸品寶物寫眞』光明寺施行　昭和三年四月	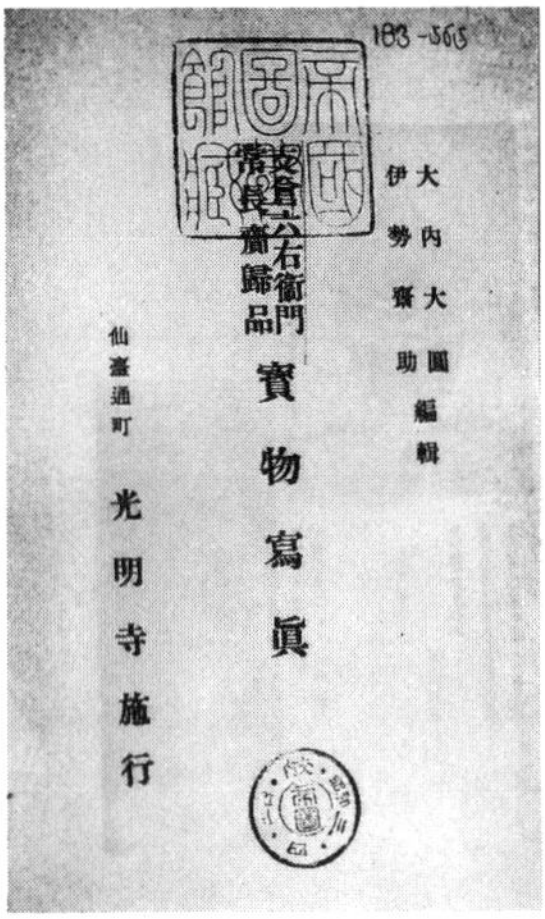	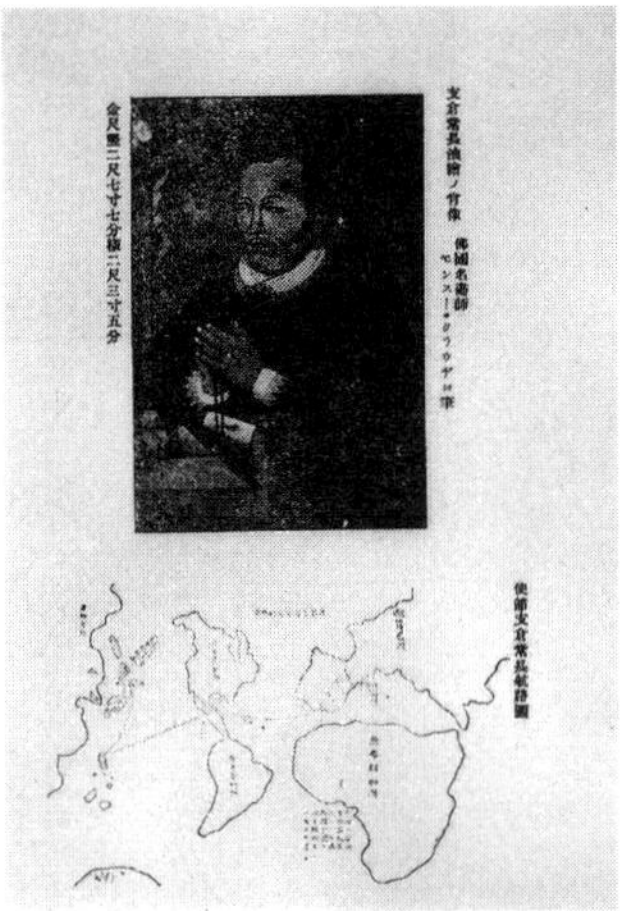
濱田直嗣「支倉六右衛門遺物」と写真（『仙台市博物館調査報告』第十五号、平成六年度。平成七年三月）		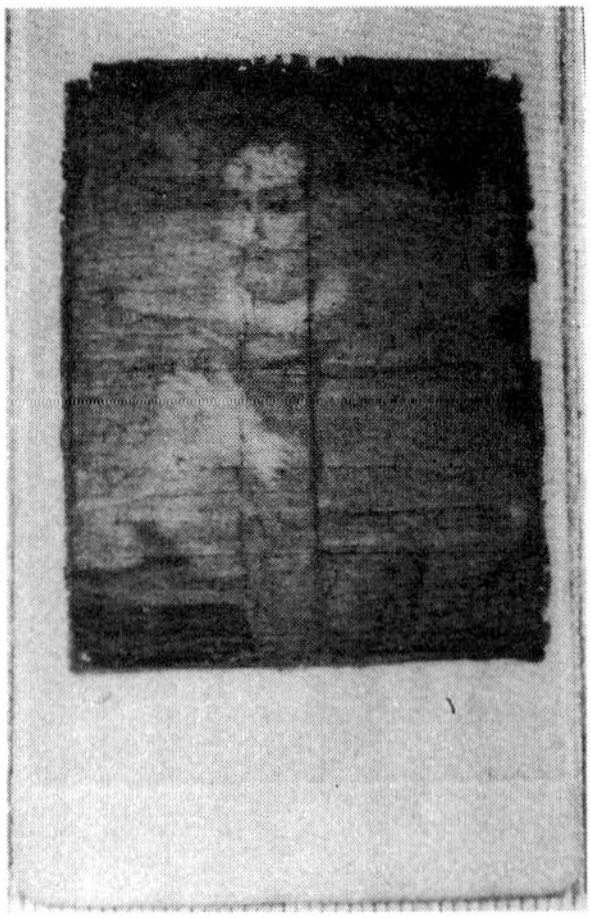
備考	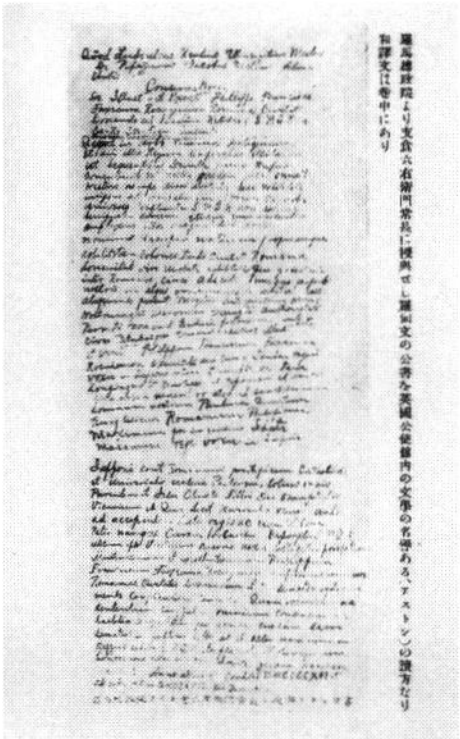駐日英国公使館のW・G・アストン書記官による「羅馬市民権証書」の手書きの英文抄訳（『欧南遣使考』明治九年）	『仙台市博物館調査報告』に載っている「慶長遣欧使節関係資料」の写真の中で、なぜか「支倉半身肖像画」の写真だけが違っているのである

出典	馬具	鞍
『支倉六右衛門常長齎帰品寶物寫眞』 光明寺施行 昭和三年四月		
濱田直嗣「支倉六右衛門遺物」と写真（『仙台市博物館調査報告』第十五号、平成六年度。平成七年三月）	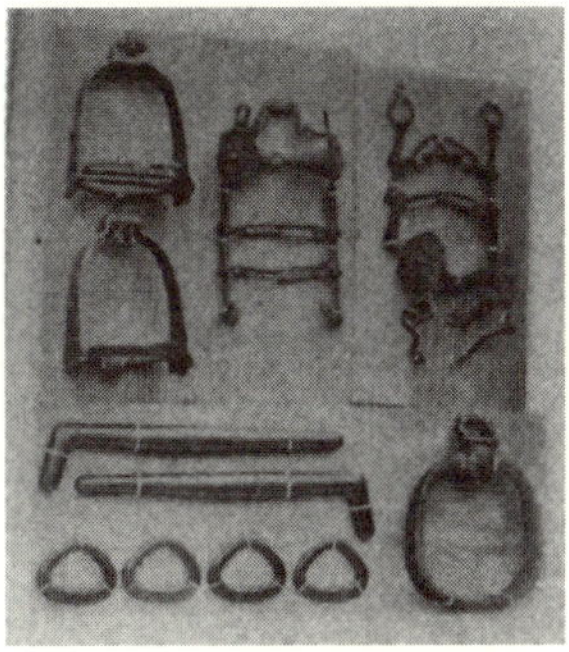	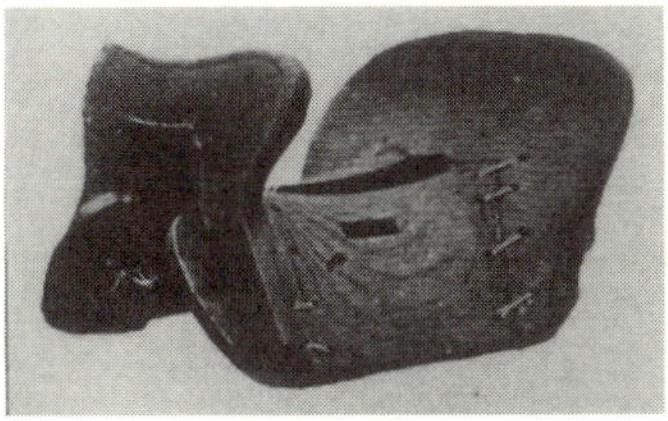
備　考	『支倉六右衛門常長齎帰品寶物寫眞』「前後馬具の附品　十一個」『仙台市博物館調査報告』「馬具金具（鐙、轡、四方手など）」の説明あり。	『支倉六右衛門常長齎帰品寶物寫眞』「常長が乗りたる鞍　一具羅馬國製品」『仙台市博物館調査報告』「鞍（鞍・木製）」の説明あり。

『支倉六右衛門常長齎歸品寶物寫眞』 光明寺施行　昭和三年四月	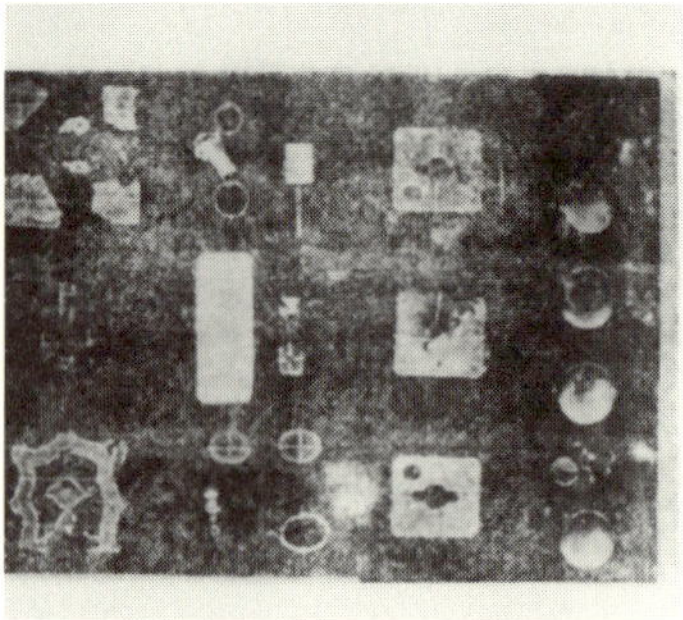	
濱田直嗣「支倉六右衛門遺物」と写真（『仙台市博物館調査報告』第十五号、平成六年度。平成七年三月）	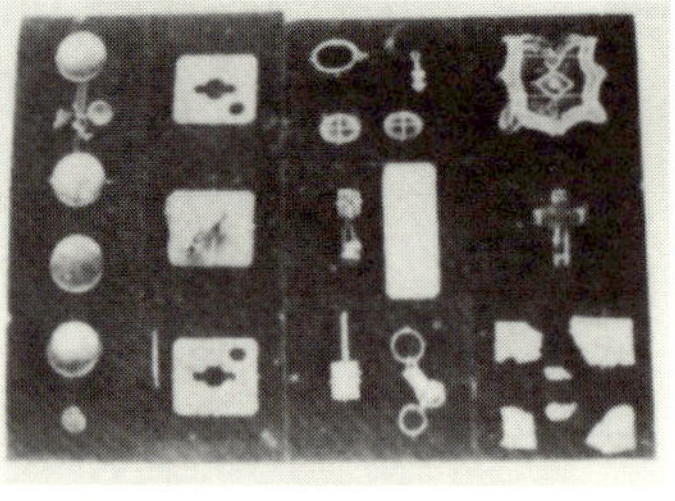	
備　考	『支倉六右衛門常長齎歸品寶物寫眞』 「此數二十六個あり皆キリスト像を鑄たる物常用に佩びて崇るものなり此内一個箭羽根紋付の銅版一枚は常長の定紋なり」 『仙台市博物館調査報告』 「金具、金滅金金具、輪金、如錠具、小形十字架、玉飾袋など」 の説明あり。 両方とも遺物は同じ配列で並べられているが『寶物寫眞』の方の写真が逆さまで紹介されている。	『支倉六右衛門常長齎歸品寶物寫眞』 「羅馬法王より政宗卿への贈品小劔二振一尺余小刀一振九寸許」 『仙台市博物館調査報告』 「短剣（クリス形剣、護拳付き剣）」 の説明あり。 短剣の配列は両方とも全く同じであるが、『調査報告』の方はヨコに、『寶物寫眞』の方はタテに紹介している。

『支倉六右衛門常長齎帰品寶物寫眞』 光明寺施行　昭和三年四月		
濱田直嗣「支倉六右衛門遺物」と写真（『仙台市博物館調査報告』第十五号、平成六年度。平成七年三月）		
備　考	『支倉六右衛門常長齎帰品寶物寫眞』 「南蛮簾。天竺地方ノ畫ナリ今だんつう類にて花紋と人物を織出したる品」 『仙台市博物館調査報告』 「色絵模様法衣（壁掛け）」 の説明あり。	『支倉六右衛門常長齎帰品寶物寫眞』 「羅紗丸合羽同前あて色萌黄ニ緑色ナリ」 『仙台市博物館調査報告』 「青羅紗法衣（マント、ズボン）」 の説明あり。 法衣（『寶物寫眞』では合羽）の並べ方は両方とも全く同じである。

歐南遣使考全書』（昭和三年発行）を宮城県立図書館で各々ほぼ同時に発見した。この画像写真を「支倉常長半身肖像画の古写真」と表記することにする（以下、「古写真」）。

この「古写真」の容貌は、現在仙台市博物館に所蔵されている「現存画」とは対照的で、顔は浅黒く、鼻が極めて低く扁平であり、四角張った顔であるが、よく観察すると、第三章で詳細を述べるフランスやイタリアの史料に記録されている支倉常長の容貌の特徴とすべて符合するのである。この「古写真」では現存画の支倉のシンボルになってい

『東北遺物展覧会出品目録』昭和三年四月馬具の配列、二十六個の金具、金滅金金具、輪金などの配列が『支倉六右衛門常長齎歸品寳物寫眞』及び『仙台市博物館調査報告』のものと比べると全て異なっている

る長くて太い揉み上げは、頬がこけた影になっていて自然である。その他、顔の表情を比べて見ても、この「古写真」には「現存画」からは全く感じられない異文化との闘いや食生活、言語の違いからの心身の疲労が強く感じられるのである。

第5節　現存画の不自然さ

さて、「慶長遣欧使節」を題材にした小説『侍』(九四年、新潮社刊)の作者でカトリック作家として知られた故遠藤周作氏は、自著『切支丹時代―殉教と棄教の歴史―』(小学館刊、九二年)の中で、仙台市博物館所蔵の「支倉半身肖像画」について

……わたしがいつも感慨をもって見るのは、……クラウディオの筆になる常長の半身画像である。画面にはスペインふうの服装をして十字架に手を合わせた常長が描かれている。口髭をはやした彼の顔には旅の疲れはさほど見えぬが、何ともいえぬ孤独な表情がある。……

と、述べている。遠藤氏に限らず一般的に現存する支倉半身像の画面から受ける印象は、寂しさが感じられるが、非常に意志の強固な人物である、とするものである。

しかしながら筆者は、「古写真」と現存する支倉半身像を比べて見て、現存画に不自

然さを感じ、次のような疑問を抱いた。

第一に、現存画はロザリオを持った支倉が十字架上のキリストに祈りを捧げる画像であるが、絶対に環状でなければならないロザリオの形が、なぜか一本だけしか描かれておらず環状になっていない。そのうえ、ロザリオは一般的に手や指で固定して使用するが、この画像に描かれているロザリオは両手に挟まれて垂れ下がっているのである。

第二に、支倉常長は左手の薬指にルビーと思われる婦人用の宝石の指輪をしている。

第三に、宙に浮いているキリスト磔刑像。

第四に、支倉常長が着用しているスペイン風の洋服に前ボタンが付いていない。

第五に、支倉のトレードマークになってまった頬骨に沿って生えている不自然な長くて太い揉み上げ。

以上、筆著者が抱いた五つの主な疑問点について述べてみたが、第一のロザリオは、天使祝詞一〇回が一連で、五連が一環となり、三環で構成されているのが一般的であり環状になっていなければならない。支倉常長半身肖像画の制作者である教皇パオロ五世のお抱え画家であったフランス人画家「モンスー・クラウディオ（クロード・ドゥルエ）」はロザリオが環状になっていることをよく認識していたはずであり、環状にしないで一本だけ描くことは絶対にあり得ないことである。また、ロザリオを使用する際、手や指で固定せず両手に挟んで使用することはめったにないことである。

第二の指輪の使用については、スペインやイタリアなどのヨーロッパでは、十四～

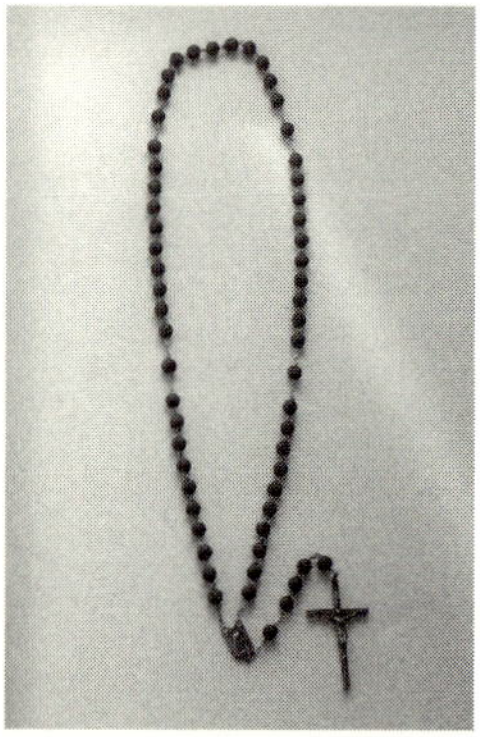
ロザリオの全体図

十五世紀頃から王族および高貴族の紋章入りの認印指輪や商人が店の商標を入れた認印の専用の青銅製または黄銅製のものを作って使用した。また、十六世紀後半頃からダイヤモンドを中心にエメラルドなどの宝石が指輪に用いられるようになったが、有力な王族や高貴族の男女が装飾用、結婚用指輪として使用した。このほかカトリック教の司教の叙任式にもその地位を表す印として右手の薬指に嵌めて使用した。

なお当時、指輪の使用方法も男性と女性とでは全く異なり、男性は、左手の人差し指か小指に嵌めて使用したのが一般的であった。したがって、支倉がローマ市から名誉的な元老院議員（貴族）に列せられたからといって、婦人用の宝石指輪（ルビー）を左手の薬指に嵌めているのは極めて不自然なことである。

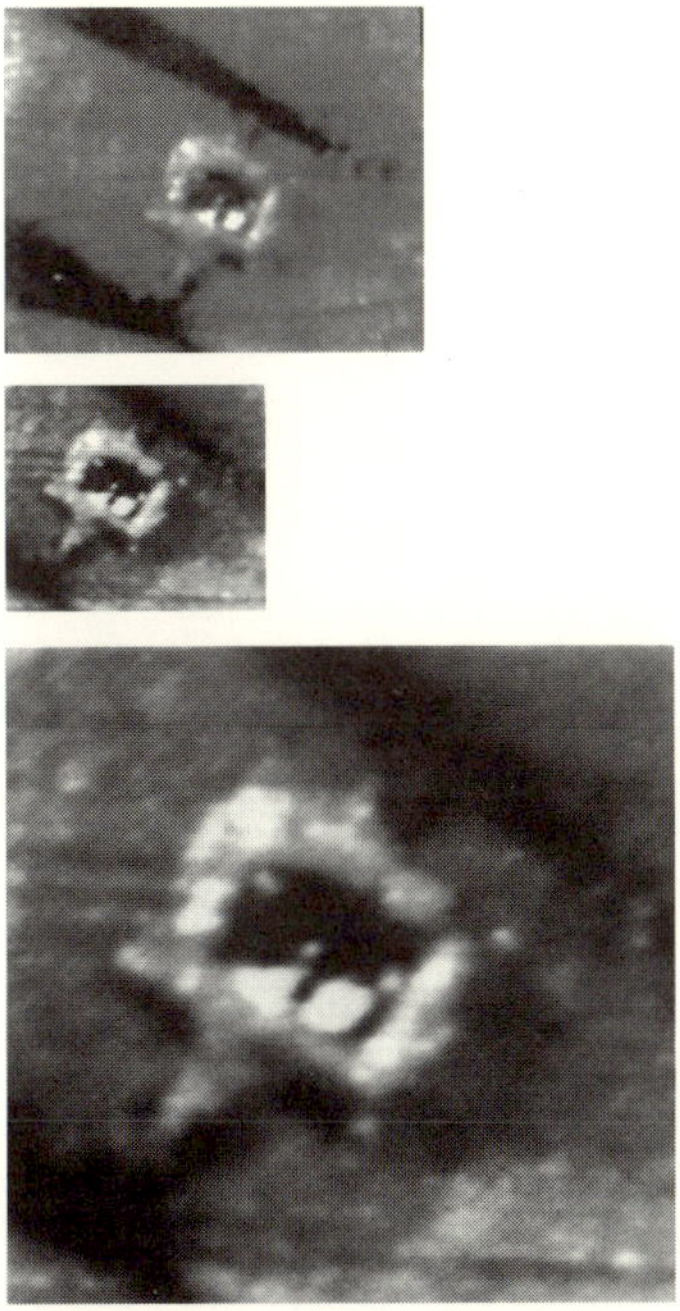

現存画の支倉常長が左手の薬指に嵌めている婦人用のルビーの指輪

第三の宙に浮いているキリスト磔刑像であるが、制作者のモンスー・クラウディオ（クロード・ドゥルエ）は、ロザリオと同じようにキリストの磔刑の姿を当然熟知していたと思われ、この画像のように宙に浮いている不自然な描き方をするはずがない。

第四のスペイン風洋服の前ボタンがないということは背中にボタンが付いていたか、頭からかぶって着用したことになるが、当時、婦人用のドレス以外に背中にボタンがついていた紳士用衣服はなく、また頭からすっぽりかぶって着用した衣服もなかったので、洋服に前ボタンが付いてないということは不自然なことである。

第五の支倉の頰骨に沿った太い揉み上げは、日本人で頰骨の部分に毛が生える人はいないので実像とは考えられない。

こうした不自然さのほかに、第三章で詳述する海外史料によると、支倉は長い旅の途中で何度も肋膜肺炎や三日熱などの病に冒されていたので、かなり体力的に衰弱していたことが想像される。また、当該半身肖像画が描かれたローマの当時の記録（ヴァティカン図書館所蔵）に「支倉の顔はげっそりと痩せていた」とある。しかし、現存の支倉半身像は痩せているどころか、筋肉質のいかにも堅固な表情に描かれている。当時も今も肖像画は美化されて描かれるのが一般的であるが、この半身肖像画の場合、書き残されている記録とまったく異なることから、実際の姿とは考えられないのである。

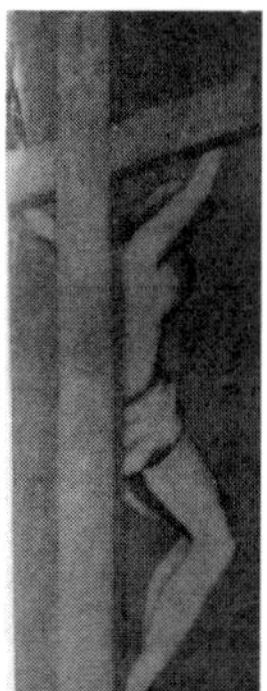

キリスト磔刑像の比較　右が現存画（図1）、左が「古写真」（図4）。どちらが自然に描かれているだろうか

第6節　「古写真」と「現存画」の比較による相違点

「古写真」と「現存画」を比較してみると、前に述べた疑問点をすべて解明することができるのである。

まず「古写真」にはロザリオが「現存画」のように一本だけでなく本来の形の環状になって描かれていて自然である。また、「現存画」に描かれている左手の薬指の指輪も「古写真」では薬指にロザリオが絡んで描かれていて自然であり、宙に浮いているキリストの磔刑像も十字架の正確な位置に描かれているのである。

次に、筆者が発見した「古写真」は「現存画」とは対照的であり、支倉常長は頬が痩《こ》け、額の左上は禿げ上がり、手は骨が浮き出て、目は黒く窪んだ病人のような姿で描かれている。この「古写真」を見る限り、筆者が当初から想像していたように、彼は肉体的および精神的両面において、かなり疲労困憊していたことが理解される。

第三に、「現存画」には支倉のトレードマークとなってしまった頬骨に沿った長くて太い揉み上げが描かれているが、「古写真」では揉み上げではなく、頬が痩けて影になっている様子が自然に描かれている。

第四に、「古写真」の支倉常長の容貌は、四角張った顔で、鼻は極めて低く偏平であり、額の左上が少し禿げ上がり、左目に眼瞼下垂がみられ、やぶにらみ（斜視）の疑い

鮫柄の日本短刀　鮫柄の短刀は白色が一般的である。（重要文化財、短刀銘国光、鎌倉時代、佐野美術館所蔵）

があるような、何となく弱々しく描かれている。こうした支倉常長の容貌は第三章で述べるフランスやイタリアに残されている史料の記録とぴったり符合するのである。

ところが、支倉半身像の「現存画」の容貌は、鼻は高く、左目の眼瞼下垂とやぶにらみ（斜視）の疑いのある目は修正され、眉の骨と顎の骨が強調され、いかにも頑丈で意志強固な人柄のように描かれているのである。

また、支倉半身像の「現存画」の背面の上方から赤い幕の端が下がっているが、「古写真」の方は黒くなっていて何が描かれていたのか鮮明ではないが、修復の段階で加筆されたものと推測される。

このほか、『歐南遺使考』および「世界ニ於ケル日本人」に、「腰に鮫柄ノ日本短刀……」と、記述されているとおり、「古写真」の日本の短刀は紛れもなく白色の鮫柄である。この短刀の柄には目貫金具が装貼されている。鮫柄は鮫の背筋に当る親粒の部分を、柄の表の中央にして左右からその端を裏にまわし、裏の中央で合せるものである。しかしながら、「現存画」の短刀の柄は白色の鮫柄ではなく、漆塗りになっており、目貫の金具とつか頭の種類も違っていて、前述の記録と符号しないのである。ちなみに、鮫柄の短刀は白色が一般的である。

以上、「古写真」と「現存画」を比べた相違点について述べてみたが、さらに両方を比較してみると、次のような異なる部分が見られる。

「古写真」では目貫金具が装貼されている鮫柄（白）の日本短刀（右）、「現存画」では漆塗りの日本短刀（左）

①「古写真」の左手のブラウスの袖口の白い部分は幅が広く刺繡の花模様の数が五つであるが、「現存画」の方は狭くなっていて刺繡の花模様の数が六つに増えており、そのうえレースは刺繡を一本一本書き上げていて丁寧な描写に変わっている。
②襟のデザインと刺繡の種類が違う。
③「古写真」の左手の親指は曲がっているが、「現存画」の方は滑らかに描かれている。
④「古写真」の耳には耳珠（耳の真中にある軟骨の突起）が鮮明に描かれているが、「現存画」では耳珠が無くなっており、耳の形も違って福耳に変わっている。
⑤「古写真」の方の支倉の瞼は小さくて一重で窪んでいるが、「現存画」の方は二重瞼で大きな瞳になっている。
⑥「古写真」の方の口髭は細長く薄いが、「現存画」の方は幅広く濃く描かれている。
⑦「古写真」の左右の襟は首のところで合わせてあるが「現存画」の方は丸首の襟になっている。
⑧「古写真」の画像の方は首が見えないが、「現存画」の方には首が描かれている。
⑨「古写真」の口の下の顎の部分は痩けて影になっているが、「現存画」の方には筋肉が加筆されている。
⑩「古写真」のブラウスの襟の右側（ボタンがついている側）が奥（裏）に、左側の襟が表になって合わせてあるが、「現存画」の方は丸首型になっている。
⑪「古写真」の頭の左側は禿げているが、「現存画」の方は禿げがなくなっている

⑫「古写真」の左上のシンプルなデザインのカーテンが、「現存画」では上品なデザインに変わっている。
⑬「古写真」は左手の骨が浮き出ているが、「現存画」の方は骨が見えなくなっている。

このように「原画」の不都合な部分を、後で詳述する目的を達成するために、加筆・改作し「現存画」に仕上げたのではないかと推測される。

第2章

西洋人の見た支倉の素顔

第1節　支倉の人物像と容貌に迫る

支倉常長の容貌や人物像について書かれた記録は国内には存在しない。一六一四年十一月四日付けのスペイン国セビィリャ市のドン・フランシスコ・デ・ウアルテがインディアス顧問会議に宛てた書簡の中で、「彼（支倉）は、日本風に身なりを整え、布の着物の上に、絹の羽織を身につけていた。尊敬に値し、おとなしい人物である、高貴で沈着、かつ有能、会話は丁寧で慎み深い人物に思われた」（……。Bino bien aderecado a su usso, Vestido de tela y de chamelote de seda ; pareciome onbre de estimación, reposado, adbertido y bien ablado, modesto.）（A. G. I., Filipi, 1, 4n, 244）と褒め称えている。

また、南フランスのカンペントラのアンガンベルティーヌ図書館所蔵文書およびパリの国立図書館所蔵のデュピュイ文書にある支倉常長のサン・トロペ滞在に関する記録を総合すると、支倉常長の態度がきわめて荘重かつ立派であったため、当時のフランス人に好印象を与えている。

さらに、「ジェノヴァ上院の議事録」（A. S. G., Ceremoniale, 2/475）では、「(支倉は)人格高潔で、抜け目がない人物（huomo di Garbo e di prudenza)」であると、高く評価している。

1●海外史料からみた支倉常長の容貌の特徴

支倉の容貌の特徴（実像）については、スペイン、フランスおよびイタリアに残されている史料に詳細に紹介されている。

使節一行のヨーロッパ滞在中における記録文書の中に支倉常長の容貌の特徴について記述されているのは、次の五点である。

(1)　セビィリャ市における記録（Mathes, Californiana, doc. No. 152, 1085)。
(2)　ローマ駐在のヴェネツィア大使よりヴェネツィア大統領に送った書簡（Real Archivio di Stato, Venice, Senato, 111, 74)。
(3)　南仏の小港サン・トロペの支倉常長および日本人随員の容貌の特徴を記録した「サン・トロペ侯の書簡」と「ファーブル氏書簡」(Catalogue General des manuscripts

des Bibliotheques Publiques de France, No. 35, p. 354)。

(4) ヴァティカン図書館所蔵の「ローマ人が見た支倉自身の特徴」を記述した観察記録」(B.A.V. Urbin, lat., 1083)。

(5) イタリア・ジェノヴァ市国立文書館所蔵の「一六一五年十月十二日、ジェノヴァに到着した日本島奥州王の二人の大使を表敬訪問した件」に関する議事録(A. S. G., Ceremoniale 2/475)

これらの記録はいずれも「現存画」の本質を知る上で極めて重要である。

一六一五年十月、使節一行はスペインのバルセロナ港からジェノヴァへ向かう途中、天候不順のため南フランスのサン・トロペに寄港した。その時のサン・トロペの領主らによる支倉の容貌や使節一行についての記録は、南フランスのカンペントラのアンガンベルティーヌまたはアンギャンベルティーヌ図書館(Bibliothéque Inguinbertine de Carpentras, Vaucluse)に保存されている。これらの文書は、(一)サン・トロペ侯の書簡、(二)ファーブル氏の書簡、(三)サン・トロペ侯夫人書簡、(四)ローマから帰国したピニョン氏書簡の四点であり、使節一行の態度や容貌について記録されているのは、サン・トロペ侯の書簡とファーブル氏の書簡である。

まず、「サン・トロペ書簡」には、

(一六一五年)十月初旬、日本大使はこの地(サン・トロペ)を通過し、故オレノ・コスト邸に宿泊した。彼は日本諸王の内の一人、奥州王の大使で、王家の近親者であると自称していた。彼（支倉常長）の同伴者はフランシスコ会戒律派修道士三名、内一名は日本人、他はスペイン人であった。そのほかイエズス会士がいたがこれまたスペイン人であった。他の随行員は書記一名、大使庶務主任一名、小姓七名、下僕一名、料理人一名、従者の内下僕はスペイン人で、これ以外はすべて日本人であったが、さらに通訳と食料の購買を担当するスペイン人一名がいた。半パン（約十センチ）の毛髪を白色の布で巻きつけていた。服装はスペイン風でイエズス会の神父のような胸飾りを付け、小さい三角布を纏い、小さなスペイン風の帽子を被っていた。しかし、主従とも家の中で、常に無帽であったことが真相であった。

《L'Ambassadeur japponnoys quj passa paricy au commencement de ce p[résen]t moys d'octobre, logea chez la uefue de feu honoré costé. II se disoit estre ambassadeur du Roy de Vox. Vn des Rois du jappon, et son parent ès pairt de ma[is]on royalle. II estoit accompagné de trios Cordolliers........I'vndesquelz estoit japponnois, & les au[tr]ez deux Espagnolz........et vn père Jésuite aussy Espagnol., pour le reste de sa suite, il avoit vn secrétaire, et vn quy seruoit à trancher tous ces viures, sept pages & vn laquay, et vn cuysinier, tous japponnois ormys led[it] laquay quy estoit Espagnol, et auoit aussy vn au[tr]e Espagnol, quy luy seruoit de trucheman, et alloit acheter tous les viures.

Luy & comme aussy les au[tr]es japponoys de fort petite taille et fort basannéz, et le

nez fort court et plat., ayant tous au derrièr[e] de la têste, le poil long de demy pan. et entruetouille d'vn riban blanc., pour leurs habitz, ilz sont habilléz à l'espagnolle, ayant des petitz coulletz a la fasson des peres Jesuittes, et y ayant de petit es poinctes, et des petitz chapeaux à l'espagnolle, ayant des petitz Coulletz à la fasson des pères Jésuittes, et y ayant de petites poinctes, et des petitz chappeaux à l'espagnolle.
Il est vrai que dans le longis ils demeurent tou[s]jours teste nue, tant le maistre que les valletz.》

ところで、筆者はこれまで支倉の容貌に関して既刊書を通してイタリア語およびフランス語の原文を日本語に翻訳したものをそのまま紹介してきたが、東北大学教授の田中英道氏は、著書『歴史のかたち日本の美―論争・日本文化史―』（徳間書店、二〇〇一年、五八頁）の中で、拙著『支倉常長―慶長遣欧使節の悲劇―』（中公新書）に触れて、

日本人を「ほめない」自虐的な見方をよく示しているのは、フランスでサン・トロペに立ち寄ったときの、日本人の容貌のことである。氏（大泉）は《大使を含めて、すべての日本人は極めて小柄で……》というような記述だけを取り上げている。しかしこの記述は《**日本の使節一行は、いずれも節度ある礼儀を重んじ、つつましい中にも、威厳をそなえていた**》と書かれた文の後に書かれているのである。なぜこの使節を「ほめた」言葉を引用しないのだろうか。

と述べている。しかしながら、田中氏が指摘しているファーブル氏の書簡のフランス語

の原文のどこにも太字部分の記述は見当たらないのである。この過ちを読者諸氏にも理解してもらうために、ここでは日本語の翻訳文だけではなくフランス語の原文も同時に紹介することにする。

また一六一二年に、わずか二ヵ月前後、マドリードに滞在したとのことですが、**大使（支倉常長）並びに随員は極めて小男で顔はやや大きく、顔色は悪く、鼻は低く、鼻孔は大きく、眼は小さく窪んでおり、額は広く、顎鬚は僅かでした。**また、後頭部には白い絹裂れで尾のように髪を捲いており、これは自国の武士の印であると称しておりました。

《Puis l'an mil six centz douze[*sic*], ayant seulement séjournè and[it] Madrillè, durant deux moys ou enuiron, **led[it] Ambassadeur et Ses gentz dud[it] pays estoyent tous hommes, ayans leurs fasses assez larges, pâlles., leurs nez camus., les narrilles[=narines] larges., les yeutz petitz, enfonséz., le front grand, sans barbe,** et peu de poil à leurs joues, fors sur le derrièr[e] qu'ilz auoyent vne petite queue de leursd[it] poil, lyée de soye blanche, que[ils] disoyent ester la marque des soldatz dud[it] pays.…………》

これらの記録から判断できる支倉常長の容貌の共通点は、①背丈が低い、②顔は浅黒く四角張っている、③鼻は極めて低く、偏平で鼻孔は大きい。④目は小さく窪んでいる。⑤顔はげっそりと痩せている（ローマ・バチカン記録）、髭は少ない、などで（図4）

の「古写真」の画像とすべて符合する。

スペイン・セビィリャ市の記録には、

支倉は四十がらみのずんぐりした背の低い男で、顔は幅広く、切りそろえた髭を蓄え、絹物の上質な衣服を身に纏っていた。……。

《Hacian guarda a Hasekura, un hombre cuarenton y rechoncho, Cariancho y de recortado bigote, que iba trajeado de chamelote de seda, ...》

と書き残されている。

また、ローマ駐在のヴェネツィア大使より、ヴェネツィア国の大統領に送られた書簡には、

大使（支倉常長）は、背丈は少し低く、色黒く肥り、四角張った顔で髭を剃り、髪は頭上に結び、年齢四十六なり。

《E questo un huomo di statura anzi di sotto del mezano, che no ; dicolor nero, grasso ; d'un volto che par quadro ; raso la barba, ma il capo con le treccie ; d'ani 46 ; ....》

と記録されている。

これらの記録から判断すると、支倉は御世辞にも美男とは言えず当時の平均的な日本人の容貌であったといえる。

支倉常長半身肖像画（図4）

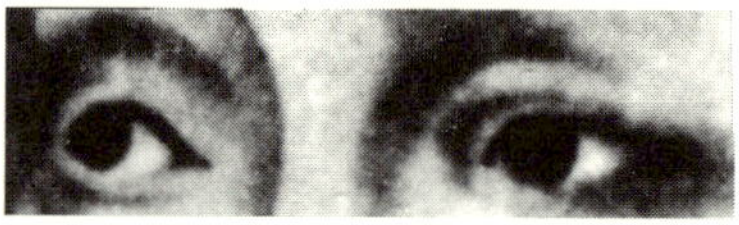

目許

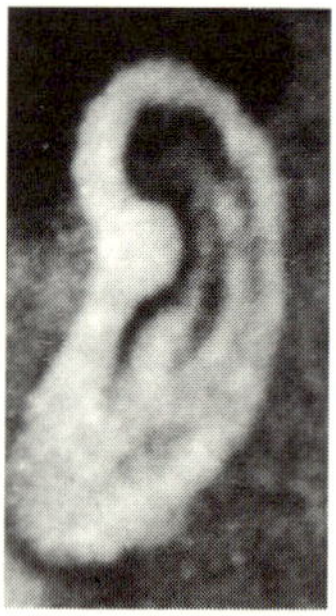

耳

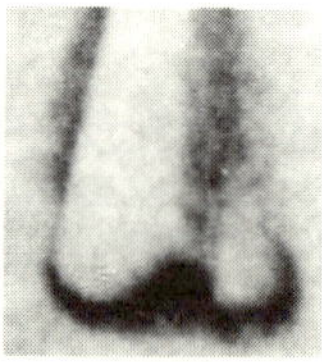

鼻筋

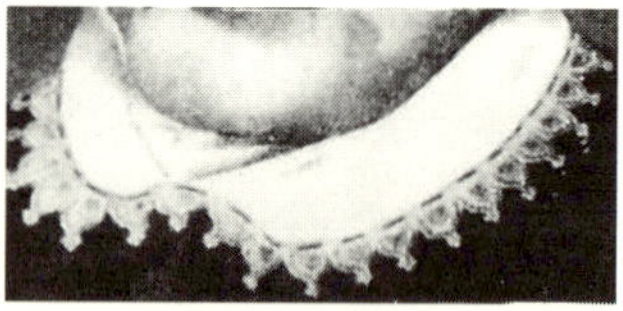

襟の刺繍

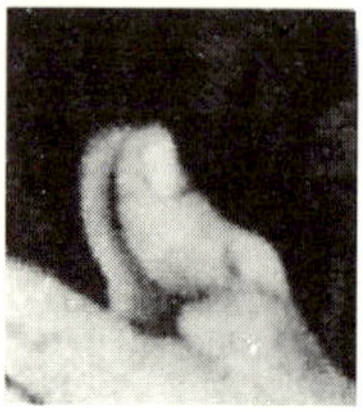

左手の親指

第2節

クィリナーレ宮の群像壁画

1●日本への最初の紹介者と制作者

一六七七年に出版されたアルフォンシン・チアコンニ他の著書『教会の始まりからクレメンティウス九世に至るまでのローマ教皇と枢機卿たちの業績』（ローマ、三七五〜四六三頁）の中に、一六一七年一月七日付けで、モデナ公の特派大使アレッサンドロ・グアルティエーリがローマからモデナ公に宛てた次のような書簡が紹介されている。

……教皇（パオロ五世）の手により、モンテ・カバルロ宮殿内に我らの主［イエズス・キリスト］によって新しい礼拝堂が完成した。壁には飾りと共に石膏細工や金細工もつけ終え、金の装飾が施され、優美な絵画に囲まれた美しい部屋である。そして、その絵画にはモーゼ伝の一部と、教皇のもとを訪れた四つの正式な使節団、すなわち、二つはペルシャ王より、もう一つは東インドからのコンゴ王の臣下、そして四番目は日本国ドクサ（奥州の誤りか？）の王の使節が描かれている。……

と、記されていて、初めてローマの大統領官邸クィリナーレ宮内の「東洋人の群像画」のことが紹介されている（『大日本史料』第十二編之十二、東京大学史料編纂掛、明治四十二年、三二五頁）。

また、『ソテロ伝』（一八〇頁）には、「教皇パウロ五世は、支倉大使とソテロ神父の肖像が、クィリナーレ大聖堂のフレスコ画の一つにとどめられるよう命じた。」と記録されている。

クィリナーレ宮内の壁画に関する研究は、一九六〇〜七〇年代にS・エリッチェ、セレサ・ドノフリオ、T・プグリアティ等によって行われ多くの論文が発表された。しかしながら、いずれの研究者もこの群像画に描かれている人物が誰であるか特定するに至らなかった。その後八〇年代に入って、ボルゲーゼ美術館学芸員（現在同美術館館長）のC・ヘルマン・フィオーレ女史らによって研究が進められ、この群像画の人物を前述したアレッサンドロ・グアルティエーリの書簡の記述を根拠に、支倉らの慶長遣欧使節一行ではないかとの初めての指摘があった。

ところで、一九九〇年三月、イタリア・ローマの大統領官邸クィリナーレ宮内「コラッツイエリの間」で東北大学の田中英道助教授（当時）が慶長遣欧使節一行を描いた群像画（図3）を発見したとマスコミが報道した。ところが、この群像画を日本人として最初に検分したのは、田中氏ではなく明治三十二年五月〜同三十五年十二月までイタリアに留学していた東京帝国大学教授村上直次郎博士（一八六八〜一九六六）である。同博士の論文に、「キリナル（クィリナーレ）の王宮内の一室の壁には伊達の使節の絵がある」と、簡単に記述されている〔「外交史料採訪録」『キリシタン研究第十二集』、昭和四十二年〕。

この「東洋人の群像画」や広間の石膏細工は、一六一六年三月から一六一七年にかけて、教皇パオロ五世のためにアゴスティーノ・タッシュに率いられた芸術家、オラツィオ・ジュンティレッシ、ランフランコ、サラチューニ、ロ・スパダリーノ、ロベット、アゴスティーノ・カラッチ、そしてピエトロ・ノベッリらのグループによって制作された。

2●「東洋人の群像画」の再検証

一九九〇年三月十二日付けの朝日新聞（全国版）および十三日付けの毎日新聞（全国版）が、イタリア・ローマの大統領官邸クィリナーレ宮内「コラッツイエリの間」で東北大学文学部の田中英道助教授（当時）が慶長遣欧使節一行を描いた群像画を発見したと報道した。これらの新聞は、田中氏が同壁画を「慶長遣欧使節一行」の群像画であると断定した理由を次のように述べている。

(1) 群像画とボルゲーゼ家の支倉の肖像画を比較検討した結果、いずれにも伊達藩の九曜紋が描かれている。

(2) 支倉とみられる人物が左手に同じ指輪を嵌めており、顔形も似ている。

(3) 壁画を描き始めたとされる時期が、一六一六年三月で、支倉が訪問した時期とほぼ一致する。

(4) 支倉が着ている衣装は、ボルゲーゼ家の立像と全く同じである

田中氏は、これらの点を根拠にして群像画の左側で頬杖をついているのが支倉で、右

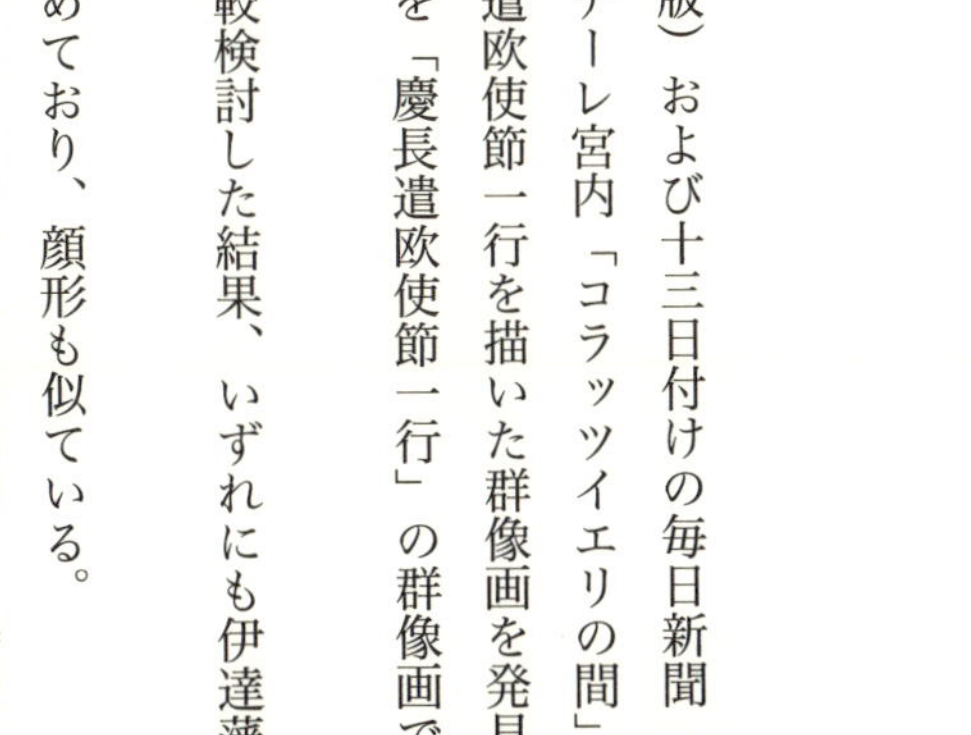

「東洋人の群像画」が所蔵されているローマの大統領官邸クィリナーレ宮殿を背景に筆者。（この宮殿は一五七四年にグレゴリオ十三世の夏の別邸として建てられ、以後は歴代教皇の邸となる。）

側で話をしているのが同行した宣教師のルイス・ソテロ師で、後ろにいる四人はローマで公民権を受けた野間半兵衛、小寺外記、滝野喜兵衛、伊丹宗味だろうという。作者は当時の宮廷画家、フンフランコ（ジョヴァンニ・ランフランコ Giovanni Lanfranco の誤記》とみられる、と断言している。

第一に、田中氏が「群像画」を慶長遣欧使節一行であると断定した理由のうち、この壁画のドームの周囲に、九曜紋が描かれていると指摘しているが、筆者も大統領官邸から特別な許可を得て直接検分したが、これらの模様は九曜紋ではなく、この群像画以外の壁画の周りにもたくさん描かれている花模様である。おそらく田中氏は群像画を再発見した感激のあまり間違って判断してしまったのであろう。

こうした誤りは歴史学者であれば一度や二度は経験しているものである。事実、筆者も昭和四十四年春、メキシコのサンタ・ベラクルス教会で日本人の集団受洗を描いた一枚の絵を見つけた。この作品の画面中央の洗礼台にはチョンマゲ姿の男がひざまずき、西欧人神父の聖水を受けている。そのまわりで数人の男たちが祈りながら洗礼の順番を待っている情景が描かれている。当時筆者は、西欧人神父の頭に聖人を示す円光がついているのを疑問に思いながらも、日本人の受洗関係の裏付け史料を探し求めていたために、感動のあまり、この絵をサン・フランシスコ教会で集団受洗した慶長遣欧使節一行の日本人を描いたものと早合点してしまった。しかしその後の研究の結果、この絵は慶長遣欧使節とは全く関係なく、フランシスコ・ザビエルが日本で布教活動をしていた時、

「東洋人の群像画」イタリア大統領官邸
クィリナーレ宮の「コラッツイエリの間」
(筆者撮影)

日本人に洗礼を授けている様子を描いた絵であることが判明した。ここで大切なことは、誤りが判明したらそれを素直に認め、訂正する謙虚さであろう。

第二に田中氏は、支倉と見られる人物が（右手の薬指に）ローマ・カヴァッツァ伯所蔵の「日本人武士像」の（左手に描かれている）指輪と同じものをしている、と主張しているが、本書第四章で詳しく述べるように、「日本人武士像」の人物は支倉常長ではないし、また、「日本人武士像」が修復される前の原画写真を見ると、左手の指にはもともと指輪は描かれておらず、後世加筆されたものと断定することができ比較の対象にはならない。それにしても同一人物が指輪を右手に嵌めたり左手に嵌めたりしないのが一般的である。そのうえ、顔形も似ているというが、海外史料による支倉常長の容貌の特徴の記述内容と、顔の輪郭といい、目鼻などまったく違うし、群像画の方には口髭もないので写実的に描かれたものではない。

第三に、田中氏や前記C・ヘルマン・フィオーレ女史が指摘しているように、一六一七年一月七日発信で、モデナ公の特派大使アレッサンドロ・グアルティエーリがローマからモデナ公に宛てた書簡にも書かれているので、「コラッツイエリの広間」の群像画が慶長遣欧使節一行を描いた可能性は極めて高いといえる。ただ、壁画および石膏細工の制作を始めた時期が、支倉ら使節一行がローマを出発（一六一六年一月七日）した約三ヵ月後の一六一六年三月なので、制作者グループは、日本人使節団を直接モデルにして描いたのではないことが判る。したがって、実際に見たこともない日本人を想像できず、群像画の人物を当時の一般的な東洋人のイメージとして描いたと判断すべきである。たしかに、この群像壁画の人物は皆西洋人と同じように鼻が高く、眼が二重瞼で大きく、当時の日本人とはかけ離れた容貌をしている。それに田中氏が支倉だと言っている画像中央の人物を含めて誰もマゲを結っていないので、制作者のイメージになかったのであろう。

第四に田中氏は、群像画の中央の人物が支倉で、右側で話をしているのが、同行した宣教師のルイス・ソテロ師で、後ろにいる人物たちは、ローマで公民権を受けた野間半兵衛、小寺外記、滝野喜兵衛、伊丹宗味であると断言している。しかしながら、(図3)の群像画を見れば判るように、支倉とソテロを除いた後ろの四人は全員髪は短く髷を結っていない。それに、左から三人目の人物の顔色が特に浅黒く描かれているので日本人とは思えない。また、右から二人目の人物の頭髪と口髭は白髪であり、かなり年配者のように見えるが、使節一行にこのような年配者の随員が加わっていたとは考えにくいので、この人物が使節の一員とは思えないなどの理由から特定の人物を描いたとは考えにくいのである。いずれにせよ、支倉とソテロを除く、これらの人物を特定するための史料は存在していないので、かならずしも田中氏の判断が正しいとは言えないのである。

以上のような観点から、この「東洋人の群像画」は、支倉とソテロを想定して描いたとも思えるが、史料不足のために描かれている人物を正確に特定することは困難である。

クィリナーレ宮内の群像壁画は、ごく一部の人物を除いて特定の人物を描いたのではなく、当時海外からローマを訪れた宗教使節団や海外におけるキリスト教の布教活動を描いたものと推測される。これらの壁画が制作された十七世紀初頭当時のローマ教皇は海外におけるキリスト教の布教に熱心で、東方インド、ペルシア、コンゴ王国、中国、日本などに関心を抱いて、宣教活動のためイエズス会士を中心に多くの宣教師を派遣した。特に、ポルトガルの植民地だったインドのゴアには「東洋の使徒」と呼ばれたフランシスコ・ザビエルをはじめ、多くのイエズス会の宣教師が派遣された。この「コラッツイエリ広間」の壁の絵画には当時のインドの様子も描かれ、壁画の中には下図のように兵士が宣教師かキリスト教徒を迫害しているような画像がみられる。したがって、「東洋人の群像画」に支倉常長や随行員がインド人、中国人などと共に描かれていても不自然ではないのである。

「コラッツイエリ広間」の壁の壁画　兵士が宣教師かキリスト教徒を迫害している（筆者撮影）

第3章

改作説の検証

第1節 古写真は国宝「半身像」の原画写真か？

1 「古写真」と異なる新しい画像写真の出現

渡辺修二郎著『世界ニ於ケル日本人』（経済雑誌社刊、明治二十六年）の中に紹介されている支倉の「木版押絵像」（図6）は現存画ではなく、「古写真」を現物模刻したものであることがわかる。この現物模刻画をよく観察してみると、ロザリオが環状になっていて自然であり、「古写真」に描かれている日本短刀の柄と目貫の金具のデザインもそのまま忠実に写生されている。また、幅の広いブラウスの袖口、頬が痩けて影になっている様子なども細かく写生されており、現存画を基にして模刻したものでないことがはっきりと判る。

なお、「古写真」を現物模写した「木版挿絵像」が明治二十七年七月一日付け「東北日報（附録）」に、また、「古写真」と同じ半身像の写真が『伊達政宗欧南遣使始末』（明治四十二年刊）（図7）、『聲』第四五四号（大正二年刊）、『伊達政宗（完）』（昭和九年刊）などに写真版印刷で、各々紹介されている。

この支倉の半身像は、明治二十二年七月二十九日に宮城県から伊達家に還付下げ渡さ

図6 現物模刻画。『世界ニ於ケル日本人』所載（明治二十六年）

れているが、その後、二〇年を経過した明治四十二年（三月）に東京帝國大学文科大学史料編纂掛から『大日本史料』第十二編之十二が発行された時、その中に「古写真」とは全く異なる支倉常長半身像の「現存画」の画像写真（図8）が掲載されているのである。『大日本史料』に初めて「古写真」と異なる画像写真が出現したことによって、支倉自身が日本へ持ち帰った肖像画は「古写真」のほかに別の肖像画が存在するのかという疑問が生じる。しかしこの点に関し、『金城秘韞』の「帰朝常長道具考略」の中に、「支倉六右衛門画像・一枚……布地一尺四方許、油絵なり……」と記録されていることから支倉半身像の油絵は一枚だけであり、ほかに存在しないことがわかる。したがって、『大日本史料』に紹介された「現存画」とまったく同じである画像写真は、模造画か、「古写真」の加筆・改作画ということになる。筆者は、「古写真」を模写して描いたのではなく、後で詳述するような目的があって「古写真」の一部を擦って消して、加筆・改作したものであると推測する。

ところで、一六七頁の図Aは、東京芸術大学美術学部絵画組成研究室の寺田春弌氏による「現存画」の修理直前に撮影された支倉常長の画像写真である。この画像写真に関して、同氏がまとめた『重要文化財「慶長遣欧使節関係資料の一部」の保存処置について』（仙台市博物館、昭和四十四年三月）の記録書の［状態調査概要］は、次のように説明している。

（支倉半身肖像画の）原形は木枠（ストレッチャー）より脱してあり、仮縁に入れ

図7 右図「支倉六右衛門常長肖像（左図の模写画）」『東北日報（附録）』明治二十七年（宮城県立図書館蔵）
左図「支倉六右衛門常長肖像画」『伊達政宗欧南遣使始末』明治四十二年

図8 「支倉六右衛門画像」『大日本史料』第十二編之十二、東京帝国大学文科大学史料編纂掛、明治四十二年（伊達伯爵所蔵）

図A　東京芸大美術学部絵画組成研究室によって修理が行われる直前に仙台市博物館が撮影した「支倉半身肖像画」（仙台市博物館から許可を得て筆者が接写撮影）

横桟で釘止めしてガラス入り箱にしてあったものであるが、それ以前は折畳み格納されていた状態で、その期間も二世紀以上に亘る可成り長期なものであったため吸湿と蒸れで支持体である麻布地（トアール）も老化し、絵具層は脱脂・粉化・剥離（浮上り）・剥落・発黴・変質・変色が多く、なお、この状態は拡大する状況を示していた。画調も不整で、総合的に損傷破損度は大であった。

つまり、明治五年九月にこの半身像が世に知られるようになってから、明治、大正、昭和を通して一度も修復されることなく、昭和四十二年に初めて修理が行われたと記述している。

しかしながら、すでに述べた平井希昌編纂『欧南遣使考』および大槻文彦著『金城秘韞』には、「所々蝕破《しよくは》ノ痕ヲ見ルト雖モ、……」と記録されている。つまり、（画像の）ところどころ腐蝕（腐ったりして形がくずれること）した痕が見られると証言しているが、この修理直前に撮影された支倉の画像写真をよく観察すると、そのような腐蝕した痕はどこにも見当たらないのである。

ということは、すでに述べたが、平井希昌の『欧南遣使考』緒言に、岩倉具視から「《これらの品々（支倉半身肖像画など）は二百年以上も前のもので》……古いものは壊れやすいので、丁寧に補修して永久保存をはかり、……」と命じられたと記述されていることから、寺田氏が修復する前に、明治九年に何らかの修復が行われたか、または、後で詳述するが、明治中期から後期にかけて伊達家が東京美術学校へ一時的に預けて修復作業を行ったということになる。なお、寺田氏は同記録書に「総合的に損傷破損度大であった」と記述したうえで、その損傷は「作品そのものの老朽より以上に保存管理法と人為的な災害の方が多いといえる」と書き残している。

このことから、損傷破損は腐蝕が原因ではなく、人為的によるものであると結論付けられ、平井希昌および大槻文彦の観察記録と符合しないのである。

第2節 現存画の写真はいつ撮られたのか

支倉常長半身肖像画（「古写真」）が紹介されている『寶物写真』帳は昭和三年に編集出版されているが、実際に写真撮影された期日は、以下に述べる理由（論拠）から明治時代前期から中期にかけてであったと推察される。
その論拠とは第一に、平井希昌編纂『欧南遣使考』の中で、
……巻末には支倉氏が持参した公文書の抄本、同氏の油絵の肖像および所持品若干を模写して衆覧に供します。……
と述べて、巻末に貼付けて紹介されている摸写画（図5）の写真画像は、「現存画」ではなく「支倉半身肖像」の「古写真」を現物模写しているからである。この模写画は

図5　現物模写画『欧南遺使考（巻末）』（明治九年）

「古写真」の画像（特に額の左上の禿げ、環状になっているロザリオ、日本短刀の鮫柄、幅の広いブラウスの袖口、黒服のボタン、下げ緒の位置等）を忠実に模写したものであることが分かる。なお、平井希昌の『欧南遺使考』が、刊行された明治九年当時は、支倉半身肖像画をそのまま製版して印刷する技術はなく、やむなく印刷すべき箇所に湿版から焼き付けされた印画を貼付したのである。ちなみに、日本最初の写真版印刷は明治二十三（一八九〇）年に毎日新聞社によって行われた。

ただ、前述書の巻末に「古写真」の写真をそそまま使用せず、なぜ、わざわざ摸写画を作成し、それを写真撮影して使用しなければならなかったのか疑問が残る。ここで考えられることは、「古写真」を写真撮影してそのまま使用しようとしたが、所々が腐蝕によって破損が激しく、全体像がわかるような画像写真でなかった。そのため「古写真」を基にして現物摸写画を作成し、それを写真撮影して使用したということである。

第二の論拠は、『寶物写真』帳の支倉半身肖像写真の下に描かれている「使節支倉常長航路略図」が「呂宋経由」になっている点である。『欧南遣使考』の中で、

……千六百十三年十月二八日ソテロハ支倉ト共ニ呂宋ニ着シ、其翌年一月二十五日アカピュルコ（アカプルコ）港ニ到リ……

と、当初、支倉使節一行の月ノ浦からアカプルコ港までの往路が「呂宋（フィリピン）経由」と紹介されて定説となっていた。この「呂宋経由説」は明治三十六年に海外史料《レオン・パジェス著『日本キリスト教史』（一八六九年）やアンヘル・ニュニェス・オルテガ著『十七世紀間の墨日政治・商業関係史』（一八七五年）など》を用いてまとめた春日重・森田実両氏の「伊達政宗之海外交通策」と題する論文によって、「月ノ浦―アカプルコ直航説」に訂正されるまで続いた。したがって、『寶物写真』帳の「支倉半身肖像写真」の下に描かれている「呂宋経由」の航路図は、明治九年から春日・森田論文が発表された明治三十六年の間に描かれたものであると断定されるが、「呂宋経由

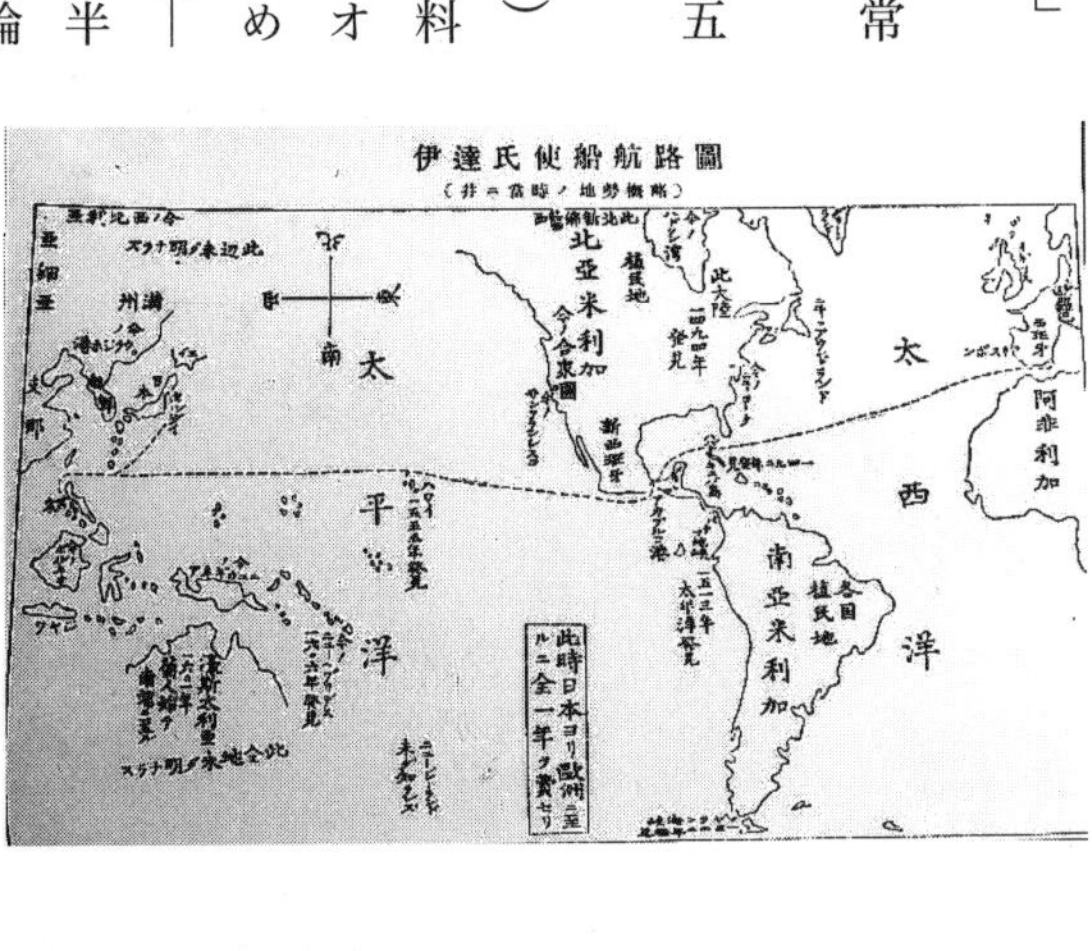

「慶長遣欧使節呂床経由説」による航路図、渡辺修二郎『世界ニ於ケル日本人』

説」の航路略図は、『欧南遣使考』が発行された時に描かれた可能性が大きいのである。

第三の論拠は、『寶物写真』帳の中に『欧南遣使考』の附録第六号に載っている駐日英国公使館のW・G・アストン書記官による「支倉六右衛門羅馬市民権証書」（原文はラテン語）の手書きの英文抄訳（明治九年）の写真が紹介されている点である。

なお、「呂宋経由の航路略図」および「手書きの英文抄訳の写真」のいずれも明治九年に発行された『欧南遣使考』の中で初めて紹介されている。

第四の論拠は、『寶物写真』帳に載っている「伊達政宗卿瑞巌寺ノ肖像写真」が明治初期から中期にかけて活躍した伊達家十四代藩主伊達宗基伯爵所蔵となっている点である。伊達宗基《むねもと》は慶邦《よしくに》の第三子で明治元年十二月封二十八万石を相続し、明治二年六月から版籍を奉還する明治三年十月まで藩知事を務め、同十年伯爵の称号を授けられている。

以上のように『寶物写真』帳に支倉常長半身肖像写真など慶長遣欧使節関係資料とともに紹介されている関係文書、写真はすべて、明治九年十二月に平井希昌編纂『欧南遣使考』が発行された当時のものなのである。

ところで、『寶物写真』帳に紹介されている「慶長遣欧使節関係資料」の写真をよく観察すると、「金具、金滅金金具、輪金、如錠具、小形十字架、玉飾袋」、「馬具金具［鐙、轡、四方手など］」、短剣（クリス形剣、護拳付き剣）などの配列（並べ方）が、明治十七年に宮城県農商課が撮影した十八枚の写真《濱田直嗣［「支倉六右衛門遺物」と写真］（仙台市博物館調査研究報告第十五号、平成七年、二十二～二十四頁）》に紹介されている写真と全く同じなのである（但し、濱田氏の論文に紹介されている「支倉半身肖像画」だけが『寳物写真』帳の支倉肖像画と異なる）（134〜137ページ写真参照）。

ここで宮城県が撮影した十八枚の「慶長遺欧使節関係資料」の写真撮影の経緯について解説しておくことにする。これらの写真撮影に関しては次に紹介する宮城県農商課から支倉家子孫支倉清延氏に宛てた二通の「支倉文書」（仙台市博物館所蔵）に詳しく述べられている。

①支倉六右衛門ノ書簡所蔵之由伝
参致候処右今般写真ニ取り本縣
所蔵同人遺物ト共ニ保存致至度
候条写真為致候中一時借用
致度尤貴重ノ品ニモ有之候ニ付取扱
向大切ニ為致ニ申候条否申出有
之度長
官ノ命ニ依リ此段申入候也

まず、明治十七（一八八四）年五月十三日付で宮城県が支倉家子孫支倉清延氏に宛てたこの公文書は、支倉常長がフィリピンのマニラから長男勘三郎に宛てた書簡を宮城県が所蔵している慶長遺欧使節関係の遺物品とともに写真撮影して保存したいので借用したいという内容である。

支倉清延氏はこの要請を快諾し、支倉家が代々二百六十四年間の長い間大切に保存してきた「支倉書簡」を宮城県に貸し与えている。

そして、同年六月十一日付けで、宮城県農商課が支倉清延氏に宛てた公文書で、同氏が秘蔵している「支倉書簡」を借用したことによって支倉将来品が全て揃った（支倉肖像画を含む）ので十八枚の写真を撮影したと次のように連絡している。

今般支倉六右衛門遺物取纏写
真可致ニ付テハ御秘蔵之同氏書簡
借用悉皆相揃撮影致ニ付別
十八影為御挨拶差進候条御受
納有之度候也

この記録から、前記「支倉六右衛門（常長）書簡」を含め十八枚の写真が撮影されたことが分かり、この十八枚の写真の中に支倉半身肖像画も含まれていたのである。こうして支倉常長の半身肖像画の写真は、他の将来品と共に明治十七年五月から同年六月までの約一ヶ月の間に、仙台立町通で明治十一年から写真館を開業していた遠藤陸郎氏（弘化二～大正三年／一八四五～一九一四）によって撮影されたのである。

以上述べた点を総合して判断すると、『寶物写真』帳に掲載された写真は、平井希昌編纂『欧南遣使考』が発行された明治九年及び『寶物写真』帳が発行された昭和三年直前に撮影されたのではなく、明治十七年五月から六月にかけて宮城県が遠藤陸郎氏に依頼して撮影したものをそのまま使用したと考えられるのである。ちなみに、『寶物写真』帳が出版された同じ年の昭和三年四月十五日から五十日間宮城県図書館及び商品陳列所で開催された「東北遺物展覧会」に出品された「慶長遣欧使節関係資料」の馬具金具、二十六個の金具、金滅金金具、輪金、小形十字架などの配列は『寶物写真』帳に掲載されている遺物の写真と比べてすべて異なっているのである。

第3節 いつ誰が改作したのか

1●戊辰戦争で敗北し朝敵となった伊達藩

一八六八(明治元)年正月、会津征伐の命が下った。維新における仙台藩の終局は悲劇的であった。当初の朝幕関係は日和見的中間外交、これが藩是であった。ところが、会津征伐をめぐって奥羽鎮撫総督府との対立で、一転して朝敵の側に立たされ、仙台藩主十三代伊達慶邦(一八二五〈文政八〉年~一八七四〈明治七〉年)を盟主とする奥羽越三十一藩同盟が結成され、薩長軍と交戦することになった。

東北あげての反抗も、明治元年五月以降は不利に傾き、各藩内部は分裂するか一貫性を失い、同盟からの脱落が相次いだのである。そして、同年九月十三日、仙台藩は降伏し、遂に朝敵の汚名を蒙り、藩末の疲弊に加えて六十二万五千六百石が、三十四万五千六百石削封され、二十八万石となった。責任者の藩主伊達慶邦は、東京に謹慎を命ぜられ、明治元年十二月七日、特旨を以て伊達の家名は継承し、亀三郎（宗基）を立てて嗣とすること、自身は楽山と称して隠退することが命じられたのである。一万二千の藩士と二万の陪臣とその家族を、僅か二十八万石の新封では養うことができず路頭に迷うことになる。

そこで従来郡村に居住していた者を帰農させて整理はしたものの、藩の人材は殆ど刑罰に遭い、新政府の要路に就く者も極めて稀で、大半の旧藩士は漸く衰運をたどったのである。辛うじて、旧仙台藩士で中央に登用されたのは、第二代日本銀行総裁を務めた富田鐵之助などわずか数名にすぎなかった。富田鐵之助の場合、彼は仙台藩の重臣として二千石の知行取りの家の出身であったため、朝敵という烙印を押されるという当時最も不利な立場にありながら、日本銀行の最高責任者の地位に任ぜられるほどに、この人は米国留学で学んだ経済金融の抜群の能力を持っていたということである。

2●朝敵の汚名返上のために使節の歴史的快挙を利用

薩長土肥（西南雄藩）出身の維新官僚らによって朝敵の汚名を着せられ、浮かばれなかった伊達家一族と旧仙台藩士の有志たちは、何とかその屈辱を晴らそうと、汚名返上の機会を待ち望んでいた。その機会が訪れたのは、一八七三（明治六）年五月二十九日の岩倉具視使節のヴェネツィア訪問であった。明治新政府が派遣した遣欧使節岩倉具視の一行が、イタリアのヴェネツィアの文書館を訪れたとき、そこで「支倉六右衛門長《なが》経《つね》」の直筆の署名と花押がある一六一五年二月二十四日付けと一六一六年一月六日付けの二通の書状を閲覧した。これらの書状の閲覧を契機にして、伊達政宗によってヨーロッパへ派遣された「支倉常長使節団」の快挙が二百五十年余の眠りから醒めて歴史に再登場したのである。

折りしも、支倉常長らの「慶長遣欧使節」は、開国後の近代国家の建設を目指す明治政府の欧化政策の推進に大きな影響を与えた。つまり、すでに述べたが、明治政府は慶長遣欧使節を文明開化に先立つヨーロッパとの文化交流と位置づけ、天皇制国家建設を推進するために、好都合な歴史的快挙として認識し、国威発揚のためにこれを利用しようとしたのである（五野井隆史『支倉常長』吉川弘文館、二〇〇三年、二五四頁）。

そのうえ当時は、国外にある未開拓の新たな土地に経済的開発を目的として移住することを促進する時代でもあった。しかし、海外移住者が思うように増えなかったため国民が一致協力して推進せねばならなかった。明治政府はこのような海外雄飛ブームを盛り上げるための起爆剤として支倉常長らの「慶長遣欧使節」を利用しようと試みたのである。

こうした明治政府の政策は、伊達家および仙台藩の旧藩士たちにとって、朝敵の汚名を返上することができる絶好の機会であった。とりわけ、「慶長遣欧使節関係資料」で最もシンボル的存在であった「支倉半身肖像画」は、明治九年六月に仙台博覧会で初めて陳列されて以来、幾度も東京の博物館に展示され、また皇族も天覧されて広く世に知れ渡り国民の関心の的となっていた。ところが、すでに繰り返し述べてきたように「支倉常長半身像」は、痩せて頬がこけ、手は骨が浮き出て、眼は黒く窪んだ貧弱な疲労困憊した姿に描かれていたので、七年間も海外で過ごし、スペインのフェリッペ国王やローマ教皇パオロ五世らと謁見した偉大な英雄ではなく、権力（伊達政宗）に翻弄された「悲劇の使者」あるいは「かわいそうな人」という印象を国民に与えてしまったと考えられる。

朝敵の汚名返上を期待していた伊達家および富田鐵之助ら旧仙台藩士の有志にとって、「支倉常長半身肖像画」に対する陰気なイメージは、何よりも使節を派遣した藩祖伊達政宗の威信に関わる問題であると深刻に受け止めたと考えられる。また、同時に「支倉半身肖像画」を観た人たちに対し、「海外雄飛」をすると、支倉常長のように肉体的および精神的両面においてダメージを受けるという印象を与え、国策である国民の海外雄飛（海外殖民）の発展に結びつかなくなると懸念した。これでは肝心な朝敵の汚名返上どころではなくなると判断し、支倉の肖像画のマイナスイメージが濃い部分を人為的に理想の姿に変えようと考えたのではなかろうか。

3●明治政府、支倉の偉業を称え、政宗に従三位を贈る

伊達家と旧藩士の有志が「支倉半身肖像画」を加筆・改作することを決めた背景には、次の二つの直接的な動機があったと推察される。

一つは、明治三十四年十一月八日に天皇陛下が、「兵ノ道ヲ始メテ、文ノ道ヲモ修メ外国ノ状ニモ思ヒ渉レル、云々、其功績ヲ萬世ニアラハサムトシテ、云々、」と、支倉常長の功績を大いに称え伊達政宗に従三位を贈った。この藩祖伊達政宗公の受勲の日は、伊達家及び旧藩士の有志にとって、維新から三十四年目にして事実上、はじめて朝敵の汚名を返上することができた感慨無量の一日であったはずである。大槻文彦は、『金城秘韞補遺』の中で、この受勲の喜びを、

……、愈、照乗ノ光ヲ發セリ、政宗常長ガ宿志（前々からの志）モ爰《ここ》ニ顯《あら》（おもてむき）ハレテ、定メテ、地下ニ、聖恩（天皇の与える恩恵）ノ餘光ニ感泣（感激して泣くこと）スルナルベシ、

と、書き残している。ちなみに、政府が伊達政宗に従二位を贈ったのは、それから十七年後の大正七年十一月であった。また、大正十三年二月には、支倉常長に正五位を贈っている。

政府は伊達政宗に従三位を贈って支倉常長の偉業を称えることが、伊達家や旧藩士たちの朝敵の汚名返上に結び付き、同時に、海外への版図拡大を目指す政府の国策に合致すると考えたのであろう。そのため伊達家などの関係者が、支倉の「古写真」の痩せこ

けて疲労困憊したままの姿の画像では不都合であると判断し、理想的な姿に変身させることを思いついたと推察される。

二つ目に、文部省は明治三十二（一八九九）年から三年間にわたって支倉常長のヨーロッパにおける事蹟のさらなる発掘調査を行うため東京帝国大学の村上直次郎教授をヨーロッパに派遣した。この時村上直次郎博士が蒐集した慶長遣欧使節関係の史料（欧文及び日本語翻訳文）を、明治四十二（一九〇九）年に東京帝国大学文科大学史料編纂掛から『大日本史料』第十二編之十二として刊行した。そして、明治四十一年七月十一日、明治天皇が東京帝国大学を訪問した折に、『大日本史料』に紹介された主な史料を天覧に供し、その時の様子を同史料集の巻末に掲載した。その主な記載内容は以下のとおりである。

……明治三十二年ヨリ三十五年ニ至ル間、欧州ニ滞在セシ、文部省留学生文学士村上直次郎ニ託シ、西班牙、伊太利、英吉利等ニ現存セル史料ヲ捜索セシメ、遂ニ此ノ冊ヲ発刊スルニ至レリ、明治四十一年七月十一日、東京帝国大学ノ卒業式ニ当リ、天皇陛下ノ臨幸アラセラルニ際シ、本條史料ノ主ナルモノヲ天覧ニ供シ、併セテ研究ノ結果ヲ天聴ニ達セリ、……（略）。

この記録の記載内容からも察せられるが、史料集の出版によって政府は支倉常長の正当なる使命とその壮挙を国民に広く知らせ、海外への版図拡大政策の推進に利用しようと考えたようである。ただ、その時『大日本史料』の刊行に際し、痩せこけて疲労困憊した支倉常長の肖像画写真の掲載が話題になったと推測される。原画のままでは、国威発揚のために利用できないと判断され、理想的な姿の肖像画にするため加筆・改作が検討されたのであろう。

これらのほぼ同時期における二つの直接的な動機から伊達家の関係者が密かに東京美術学校（現東京芸術大学）に依頼して「支倉半身肖像画」の加筆・改作作業を依頼したのではないかと推測される。その主な論拠は、明治四十四年三月発行の『海外之日本』第一巻第四号の口絵（写真版）に「古写真」でもなく「現存画」でもない「絵画の縦横に剥落部が入っていない支倉常長の半身肖像画」（図9）の画像写真が東京美術学校所蔵となって紹介されている点である。本来、伊達家所蔵でなければならない絵画が一時

図9　「支倉六右衛門画像」下図は当該部分の拡大図『海外之日本』第一巻第四号明治四十四年三月（東京美術学校蔵）

的とはいえ東京美術学校に所蔵されていたということは、修復のために数年間預けられたと考えられる。この画像写真をよく観察すると、「古写真」とは異なり、明らかに複写画や摸写画ではなく「古写真」を基にした画像写真であることがはっきりとわかる。この画像写真に見られる支倉の顔の部分は「現存画」と全く同じであり、指輪や洋服の袖や襟の刺繍が丁寧に加筆されている。ただ、この絵画には縦の剥落部が入っていないことから「現存画」に仕上げる前の段階の画像写真であると判断される。このあとキリシタン禁制による歴史的事実を示す資料的価値を高める目的で、銅板油彩画「ロザリオの聖母」(国宝・仙台市博物館蔵)の画面に縦の亀裂が入っているのをヒントにして、画像に隠匿のため折り畳んだ結果できたように見せるために縦の剥落部を加えたのではなかろうか。こうした加筆・改作作業途中の画像が一時的とはいえ所有者の伊達家から東京美術学校に移管されていたという事実は、この時期に東京美術学校で加筆・改作作業が行われた可能性が高いと言えるのである。ちなみに、この謎を解くために筆者が奉職している日本大学国際関係学部図書館を通して、東京芸術大学(図書館経由で)絵画組成研究室に当該肖像画の明治時代における修復作業に関する資料の存在を確認したところ、該当する資料は存在しないという返答であった。

なお、加筆・改作された支倉半身像は、明治三十五年に帝室博物館で写真(写真厚板目録四ツ切板、二七×十八・五センチ)(図8)撮影されて『大日本史料』に掲載され、現在は上野の東京国立博物館資料室に保存されている。

ところで、支倉半身肖像画の加筆・改作作業に当たって、まず、原画の基本部分を損なわない形で画像全体を擦って抹消し、人為的に支倉の容貌と骨が浮き出ている左手の理想化のために修復作業が行われたのではないかと推測される。

4●支倉の容貌を人為的に理想化

明治時代に（肖像画や人物の）実像の不都合な部分を人為的に修正したり改作した例は多くあったが、その代表的なものが明治天皇の「御真影」である。

明治天皇（一八五二～一九一二年）は、明治の国民にとっては、単なる国家の象徴ではなく、真に偉大なる指導者でなければならなかった。つまり王制復古の実をあげるには、天皇が有能かつ聡明な人物で、一般の国民とは異なった堂々とした品格の持ち主でなければならなかった。しかしながら、明治四年から同六年にかけて撮影された明治天皇の肖像写真（図B）は、当時の写真技術の不足からと思われるが、何となく貧弱で尊敬に値する偉大な指導者という印象ではなかった。にもかかわらず、開国後皇室外交は活発化し、国際儀礼上からも外国からの王室・王族や貴賓に天皇の肖像写真を配ることと、在外公館に掲げる必要性が出てきた。他方では地方官庁における民衆の礼拝の対象物という二重の政治機能を果たす必要性に迫られたのである。そこで明治二十一（一八八八）年、明治新政府は、明治八年以来、紙幣彫刻技師として、大蔵省紙幣寮（国立印刷局の前身）彫刻部に招聘されていたイタリア人、エドアルド・キョッソーネ

（一八三二〜一八九八年）に制作を依頼して明治天皇の肖像画を描かせたのである。

明治天皇の容貌の特徴について、当時の外国の新聞はほとんどが眼の印象を記しているが、昭和三十七年七月に明治神宮崇敬会が刊行した「側近奉仕者座談会―明治大帝の御日常を偲び奉る」と題する小冊子に、明治四十二年から同四十五年七月まで女官として仕えた山川三千代女史は、「（明治天皇は）切れの長い、やや細い目で時にキラッと光るところがおありでした。」と、明治天皇の眼が細くて鋭かったことを証言している。キョッソーネはこうした天皇の特徴を考慮に入れ、細い目を大きくし、鼻の形を整えたりして描き、容貌は、肉付きのいい、バランスよく整った気品のある立派な顔立ちの肖像画を完成させた。そしてその肖像画を当時東京で最も著名な写真師のひとり丸木利陽に撮影させて、「御真影」（図C）として仕上げたのである。

明治天皇の肖像画はどこか面影が残っていればそれでよかったのであり、それほど似てなくても肖像画として十分通用したのである。画像が肖像画となった根拠は依頼主であった明治天皇がこれを肖像とするかどうかの意志にかかっていたのであって、描写力や描写に依存するものではなかった。幸いにも、明治天皇はキョッソーネが描いた画像を大いに気に入って外国貴賓に渡すための写真にはすんなり署名していたと伝えられている。

図B　明治天皇肖像写真、明治六年、内田丸一撮影（宮内庁蔵）

図C　明治二十一年、エドアルド・キヨッソーネが描き丸木利陽が撮影した明治天皇の肖像（明治神宮蔵）

第4節

欧化政策と使節団美化の狙い

1●使節の歴史的快挙を欧化政策推進の起爆剤に

これまで筆者が詳述してきたように、実際に、「支倉半身肖像画」の原画に手が加えられたのではないかという疑惑から、当該肖像画の修復作業の過程において偶然に手を加えて「現存画」に仕上げてしまったのか、或いは、誰かが何らかの理由で計画的に手を加えて「現存画」に仕上げたのか、のいずれかである。

まず、前者の偶然説については、「支倉半身肖像画」が明治九年に仙台の博覧会において初めて一般に公開されてから脚光を浴びるようになり、その後、幾たびも東京の博物館において一般に展覧されて破損が激しくなり、本格的な修理を余儀なくされたと考えられる。そこで、宮城県から伊達家に返還された明治二十二年から明治三十五年に東京帝室博物館で加筆・改作された「現存画」が撮影されるまでの間に、伊達家がすでに述べたような根拠から東京美術学校（現東京芸術大学）に修復を依頼したと推察される。東京美術学校の絵画組成担当の画家が肖像画の原画の基本部分を損なわない形で修復作業を進めたが、カトリック教会や刀剣などに関する知識が全くなかったため、極端な原画離れの絵に仕上げてしまったという推測である。しかし、偶然とは思えない不自然な加筆・改作があまりにも多すぎることから、この説を否定せざるを得ないのである。

後者の、誰かが何らかの目的を達成するために計画的に加筆・改作したという説では、まず、明治政府の岩倉具視らが中心となって、「慶長遣欧使節」を文明開化に先立つヨーロッパとの文化交流と位置付け、天皇制国家建設を推進するための起爆剤として利用しようとした。しかし、国家権力を用いてまで「支倉半身肖像画」を加筆・改作をしなければならなかった正当な理由は見当たらないのである。したがって、「支倉半身肖像画」の所有者であった伊達家の承諾がなければ、何人でも勝手に肖像画に手を加えることは絶対にできなかったことから、伊達家とその関係者によって直接行われた可能性が高いといえる。

次に、「支倉半身肖像画」を加筆・改作しなければならなかった理由については、これまで詳細に述べたように伊達家と旧仙台藩士の有志が支倉常長の「慶長遣欧使節」の歴史的快挙を戊辰戦争の敗北による朝敵の汚名返上のために積極的に利用しようとしたためであると考えられる。

第5節

剥落部分の問題

1●肖像画の折り目の剥落部加筆疑惑

明治三十五年に東京帝室博物館で写真撮影され、『大日本史料』第十二編之十二に紹介された支倉の写真画像には、中央右寄りに縦の折り目の剥落部がある。また、「現存画」には縦だけでなく横にも折り目の剥落部がある。しかしながら、「古写真」にはそれらの折り目の剥落部が全く見当らないのである。前記寺田春弌氏がまとめた『重要文化財「慶長遣欧使節関係資料の一部」の保存処置について』の記録書の中の「(支倉常長像の)剥落部に対する処理の所見」には、「この作品の場合の剥落部は隠匿のため折り畳んだ結果によるものが主で、この剥落は切支丹禁制による歴史的事実を示す資料的価値をもっと考えざるを得ないし……」と、記されている。

しかしながら、すでに述べた平井希昌編纂『(伊達政宗)欧南遣使考』および東京日日新聞社の岸田吟香の支倉半身肖像画に関する詳細な観察記録や大槻玄澤の「歸朝常長道具考略」では、誰でも判別できる画像中央部の剥落部について一言も触れられていないのである。

さらに、大槻文彦編著の『金城秘韞補遺』(明治四十五年刊)に、

……金城秘韞ニ、切支丹所トアルハ、仙臺藩ノ評定所（裁判所）ノ内ニアリテ、

切支丹宗門ノ事ヲ掌ル所ナリキ、此所ニ蔵セシ切支丹道具ト云フモノハ、支倉六右衛門常長ガ、元和年中、歐洲ヨリ齎シ歸リシ器具ニテ、其私有品ナリシニ、常長ガ二世六右衛門常頼ガ、寛永十七年、切支丹宗門ナリトノ嫌疑ヲ受ケ、切腹ヲ命ゼラレ、家亡ビシ時、所有品、藩ニ没収セラレテ、乃チ切支丹所ニ存セシモノノ如シ、往時ハ、一年ニ一度蟲干ノ外ハ、嚴封シテアリシモノナリ。

とある。つまり、支倉常長の息子常頼がキリシタンの嫌疑を受けて切腹させられたことによるお家断絶で、没収された常長の半身肖像画などの所有品が藩の評定所に長らく保存されていたという内容である。

したがって、現在の地方裁判所に当たる伊達藩の評定所（切支丹所）が、当時の法律に基づいて強制的に没収した「慶長遣欧使節関係資料」のうち、切支丹禁制の品という理由で、「支倉半身肖像画」だけをわざわざ隠匿（見つかっては困るもの）のため折り畳んで保管していたというのは何ともおかしな話である。ちなみに、支倉の将来品の中に含まれていたキリシタンの代表的なシンボルとも言えるキリスト像付き十字架、メダイ付き十字架、ロザリオ、銅版油彩画「ロザリオの聖母」（画像の中央部に縦の亀裂が見られるが折り畳んでできたものではなく、腐蝕によるものである可能性が強い）（下図）などは、特に隠匿されずにそのまま大切に保存されていたということとは辻褄の合わない話である。

それにしても、夏季に高温多湿になるアジア・モンスーン地帯にある日本で、油絵を

銅版油彩画「ロザリオの聖母」

四つに折り畳んで二百五十年間も正常な形で保存することが困難であることは素人でも理解できることである。年に一度風入れ（虫干し）を行ったとはいえ、高温多湿の物置に入れて保管していたのでは、カビが発生し、膠《にかわ》が劣化して絵具層が剥離しても不自然ではなかったはずである。いずれにせよ、絵の画面を外側にして巻いて（桐の函に納めて）保存しない限り正常な形で保持することは無理なことであったと思う。ちなみに、油絵を保持するための最適な湿度は年間を通じて六〇％で、温度は最低気温より摂氏五度以上高く、最高気温より五度以上低くすることであるといわれている。つまり、気温の変化よりも、湿度の変化の方が保存上の影響が大きいのである。したがって、湿度が高くて気温も高ければ、梅雨時に、油絵がカビの餌食になる。そのうえ、油絵の画布や油や膠などの有機物は長い年月を経て劣化し、空気の乾湿で伸縮を繰り返すのである。一方、油絵具は硬化すると画布の動きについていけなくなり、絵具層の亀裂の発生につながるのである。

すでに述べたように、明治五年発行の『大隈文書』の中に「……右由来記（十字架の画像）等桐函ニ蔵メ県庁ニ渡ス……」と記されていることから、桐函の中に四つに折り畳んで保管していたとは考えられず、実際は巻いて保管されていたのであろう。なお、道斎・小川昇之信著『伝道回想録（明治十二〜十三年）（宮城県気仙沼カトリック教会刊、一九七〇年、四七頁）に、「ローマ教皇パウロ五世の肖像画は立派な大きな桐の箱に巻いて保管されていた」と記録されており、支倉の半身肖像画だけが折り畳んで保管されていたとは考えられないのである。

2●画像横の剥落部に関する疑惑

ところで、「支倉半身肖像画」の縦の亀裂については、後で詳述するが、実は、「現存画」には横にも剥落部が入っているのである。これについて仙台市博物館は、刊行物を通して、「画像を縦と横に四つ折りに畳んで格納していたためにできたものである」と説明している。つまり、支倉半身像の剥落部に関して、支倉常長生誕四百年を記念して仙台市教育委員会【支倉常長顕彰会、会長・島野武仙台市長（当時）】が昭和五〇年二月に刊行した『支倉常長伝』に、

支倉常長の油彩麻布の肖像画は縦折りしてあった為に、中央右よりの縦の折目に彩色が無くなっており、画布の横皺が多く、彩色は油気を失なっていたが、……

と、肖像画は縦折り、つまり二つ折りであったとだけ解説している。これに対して、平成元年九月に仙台市博物館が発行した仙台市制百周年記念特別展『ローマの支倉常長と南蛮文化―日欧の交流・十六〜十七世紀―』の支倉常長像（慶長遣欧使節関係資料）の解説では、

この画布には、日本にもたらされた後、仙台切支丹所に没収され、四つに折って保存されていたらしくその傷がはっきり見えている

と、肖像画が四つ折りになっていて、その傷がはっきり見えると、全く異なった説明を

していたのである。このように、仙台市の教育・文化機関が「支倉半身肖像画」を縦折り（二つ折り）から四つ折りであったと内容の説明を変えている。

現在、仙台市博物館に、昭和四十二年に寺田春弌氏が「支倉半身肖像画」の修復作業を始める直前に同博物館が撮影した肖像画の写真が保存されている。この肖像写真は寺田氏がまとめた前記《「慶長遣欧使節関係資料の一部」の保存処置について》の報告書（昭和四十四年）の中にも紹介されているが、筆者が数年前に同博物館から許可を得て接写レンズを用いたカメラで撮影したものである。この画像写真をよく観察すると、誰の目にも分かるように横の亀裂は見当たらないのである。だが、現実として修理後の「現存画」（図1）にははっきり横の亀裂があり、すでに述べたように仙台市博物館もそれを認めているのである。何とも不可解なことである。ちなみに、前記『大日本史料』第十二編之十二に掲載された支倉肖像画（現存画）（図8）には縦の亀裂はあるが、横の亀裂は見当たらないのである。

なお、文部科学省文化庁文化財部監修の月刊『文化財』（平成十三年六月号）には、

……（略）。画面のほぼ中央部に見える折り畳んだ跡や横折れなどの痕跡は、往時のキリシタン弾圧の歴史的経緯を伝えるものである。

と、画像の縦および横の亀裂は、キリシタン弾圧の歴史的経緯であると説明している。

第6節

修復はどこまで許されるのか

さて、次に、絵画の修復作業を行う場合、通常、許される修正範囲というものがある。問題はそれがどこまでなのかという点である。特に肖像画の場合、見合い写真と同様に一般的にかなり美化されて修正されることが多い。その場合ほとんどが容認される。したがって、「支倉肖像画」の場合も、明治天皇の「御真影」のように容貌の特徴（眼、鼻、耳など）を美化させることはある程度容認されるのである。また、薄い髭を濃い髭にしたり、禿を無くしたりする程度の修正も当然容認される範囲と考えられる。しかしながら、元々、画像に描かれていない部分を後世に加筆すれば絵画全体のオリジナリティーが喪失してしまうのである。例えば、「支倉半身肖像画」の場合、揉み上げや指輪の加筆である。これらの加筆は、単に容貌を美化するということよりも他の目的があってのことなので容認される範囲ではない。

さらに、これまで指摘してきたように、支倉半身肖像の「現存画」に不自然に描かれている一本のロザリオや宙に浮いているキリストの磔刑像などは、修復を担当した画家がこれらの本来の姿を知っていたにもかかわらず、故意に不自然に描いたのか、それとも、画像の一部を加筆・改作するために画家が、画像を抹消したあと、元通りに復元できず、結果的に不自然に描いてしまったのかという疑問である。前者については、その根拠が余りにも乏しすぎるので、後者の方であると推察される。つまり、修復を担当した画家が、画像の容貌を人為的に理想化するために顔面部分の修復（加筆・改作）にこだわりすぎて、日本短刀の柄が白色の鮫柄であったことや目貫金具の役割について無知だっただけでなく、カトリック教について何も知識がなかったため、結果的にロザリオの形状や十字架上のキリストの磔刑像を、不自然に描き直してしまったのではないかと推察される。ただ、すでに述べたように指輪や揉み上げなどの加筆は、偶然とか知識不足とかいうことではなく、当該肖像画の改作・加筆推進派グループから直接指示があって当初から計画的に行われたと認識すべきである。特に、指輪の加筆は、支倉常長がローマ市から貴族の称号を与えられたことを強調するために加筆されたものであると考えられ、ローマ市のアンジェリカ図書館所蔵の「支倉立像図の銅版画」の左手の人差し指の指輪をヒントにしたと推測される。

こうした支倉半身肖像画の加筆・改作作業は公に行われたわけではなく、限られた少数の関係者によって内密に行われたと考えるべきである。筆者が事実解明のため長年追跡して分かったことであるが、加筆・改作に関与した関係者は、その事実を隠匿するために、証拠隠滅をした確かな痕跡がある。そのため加筆・改作作業に拘《かか》わった人物の証言文や証拠記録などが新たに発見されない限り、誰が何の目的で加筆・改作したのかを正確に立件することは不可能なことである。

証拠隠滅の例としては、一九九〇年の初めに筆者が、東京国立博物館資料室で帝室博物館に保存されていた肖像写真について調査した際、支倉常長の肖像画が明治十八年と明治三十五年に撮影されたという記録を確認した。しかしながら、なぜか写真厚板や現物写真は明治三十五年に撮影された現存画の写真だけが保存されていて、明治十八年に撮影された現物写真や厚板などは消滅していた。その時B４サイズの硬いボール紙に書かれた記録だけが残されていた。しかし、その記録も二〇〇二年一月に東京国立博物館資料室で再調査した時には、すでにB４のボール紙も処分されていた。このボール紙には加筆・改作される前の画像写真が貼ってあったと推測されるが、明治三十五年に撮影された画像と極端に異なることから不都合と判断されたのか、写真厚板と現物写真は処分されてしまったようである。伊達藩十四代藩主で元仙台藩知事伊達宗基《むねもと》伯爵の日誌「鶴城公記」に、明治十八年に支倉半身像を博物館に貸し与え、展示されたと記録されている。このことから、この画像写真はそのときに撮影されたものであると推測される。

第7節
摩り替えられた支倉半身肖像画

参考までに記しておくが、明治四十年十二月に発行された副島八十六編『開国五十年史・上巻』の「羅馬に於ける支倉六右衛門」では、……（略）、慶長十八年伊達政宗は、其臣支倉六右衛門を羅馬に遣はししに、六右衛門諸方を遊歴し、数年を経て帰朝したり、本図は其羅馬滞在中に描きたる油絵によりしものなり。（東京帝国大学蔵）

となっており、明らかに支倉の半身肖像画のことについて解説されているが、なぜか支倉自身が将来した油絵肖像画ではなく、村上直次郎教授がローマから持ち帰ったアンジェリカ図書館所蔵の支倉常長の銅版画（下図）が載っているのである。つまり、画像の解説と実際に使用している画像が違っているのである。これは当初伊達家が所有していた油絵半身肖像画の写真を掲載する予定だったのが、何らかの理由で掲載することができなくなり、仕方なく銅版画を使用したのではないかと推測される。

支倉常長の銅版画（ローマ・アンジェリカ図書館蔵）

第8節　平井希昌所有の支倉半身像写真の行方

『欧南遣使考』の編纂者で明治政府の初期に史官や外交官として活躍した平井希昌は明治二十七年四月付けで、仙台市の郷土史家で前記『支倉六右衛門常長齎歸寶物寫眞』の編者である伊勢斎助宛てに、支倉常長の墓を仙台市の光明寺で発見した知らせと支倉常長の肖像写真三枚を送付してくれたお礼に次のような内容の手紙を送付している。

図4B《古写真》「支倉常長肖像画」『伊達政宗歐南遣使考全書』

加筆・改作

図9 「支倉六右衛門画像」東京美術学校所蔵（『海外之日本』第一巻第四号の口絵（写真版）、明治44年3月

加筆・改作

「支倉六右衛門長経肖像」（「聲」第四五四号、口絵写真、大正２年）

図8 『大日本史料』第十二編之十二、東京帝国大学史料編纂掛、明治42年

「支倉常長油絵ノ肖像」『伊達政宗（完）』伊達政宗刊行会発行　昭和9年

図1 （現存画）

図4A《古写真》「支倉常長油絵ノ肖像」『寶物寫眞』仙台光明寺施行

現物模刻画

現物模写画

現物模刻画

現物模写画

「支倉六右衛門肖像現物模写画」明治時代

図7　「支倉六右衛門常長肖像画」『伊達政宗欧南遣使始末』明治42年

図5　支倉常長ノ肖像（現物模刻）平井希昌『欧南遣使考』巻末附録　明治9年

図6　支倉六右衛門ノ肖像（油絵現物模刻）渡辺修二郎『世界ニ於ケル日本人』経済雑誌社、明治26年

「支倉常長肖像現物模写画」『東北日報（附録）』明治27年（宮城県立図書館蔵）

四月二日之貴札相接支倉
常長君墳墓発見ニ付右ノ
考証十枚同君肖像参枚
御郵贈被下当欧南遣使
考補遺編纂中之旨
御申越拝承御坐之候墳墓
発見之事ハ実ニ千古ノ美事
貴地ニ一ノ古蹟ヲ加ヘ感賞ノ
事ニ御座候考証ハ同志ニ分送
可仰下存候当補遺上木
相成候ハバ一覧仕度企望
之事御座候右御礼呈上迄
艸々不宣
廿七年四月　平井希昌
伊勢君
梧右
　仙臺市國分町百十四番地
伊勢斎助様

この手紙の中で触れられている支倉常長の肖像画三枚は、すでに述べた伊勢斎助が編集して出版した『支倉六右衛門常長齎歸品寶物寫眞』帳の中で紹介されている支倉の「古写真」と同一のものである可能性が極めて高いのである。それを確かめるため著者は平成十三年五月二十四日、山梨県中巨摩《なかこま》郡田富町に住む平井希昌の孫で元商社マンの平井洋氏を訪ねた。現在、洋氏宅には伊藤博文など明治政府の著名な政治家の書状など当時の大変貴重な資料が大切に保存されているが、残念ながら伊勢斎助から送られた支倉の肖像画写真は一枚も残っていなかった。幾度かの住居の移転で紛失してしまったとのことである。

いずれにせよ、伊勢斎助が編集した写真帳に紹介されている支倉常長の「古写真」と同じ写真がどこかの書庫で眠っているはずである。

第9節
「古写真」の画像から見る支倉の実像

現在、仙台市博物館に陳列されている国宝「支倉常長半身像」を初めて鑑賞したときに受ける一般的な印象は、「揉み上げ、非常に発達した眉毛の上の筋肉、強い線で描かれた顎などであり、非常に意志の強い強固な人物」と、いうものである。しかしながら、

「古写真」を見ると、「頬が極端にこけており、合わせている手の骨が浮き出ていて、眼が窪み、誰の目から見ても疲れ果てた病弱な人物」である。確かに十字架に向けて祈る姿には苦しみを訴えているような表情が見られる。つまり現存画から受けるイメージとはまったく逆のイメージを受けるのである。

支倉がこのように病弱で痩せこけた姿であったことは、海外史料に残されている記録からも明白である。事実、支倉常長は主君の命令を遂行するため七年以上もの間、未知の世界で辛酸を舐めながら苦闘したのである。その結果彼は、精神的にも肉体的にもボロボロになったのである。「古写真」の支倉の表情にはその憔悴した姿がそのまま浮き彫りにされているのである。彼は毎日不安にかられ一日として安らぎを見いだすことはなく、心的なストレスも相当なものであったと想像される。現代人であればストレス性の胃潰瘍か胃癌を患って生死の間をさ迷うことであろう。しかし支倉は、ローマからの帰路ジェノヴァで一時病に罹ったとはいえ、その後も精神力一つで苦難な旅を続け無事に故郷に戻ったのである。彼の偉大な精神力は活字で表現しがたい特別なものであったにちがいない。筆者が現代の若者に最も身に付けて欲しいのが支倉常長の強固な「忍耐力」なのである。

筆者は、支倉が心身の苦しみの中で唯一頼りにできたのはキリスト教の信仰と祈りだったのではないかと考える。支倉にとって、信仰とは生きるということであり、神を信じて、与えられた自分の人生をより良く生きることであったに違いない。

人は何のために神に祈るのだろうか。一つは、日常の幸せな生活に対する感謝の意味で祈る場合である。そしてもう一つは、種々の苦しみから救いを求めるために祈るのである。「支倉半身像」の「現存画」の画像からは前者の意味も後者の意味もまったく伝わってこないが、「古写真」の支倉の表情からは、後者の神に祈ることで苦悩との闘いに打ち勝とうとする姿が強く感じられるのである。

ソテロは、一六一六年二月四日付けでジェノヴァからマドリードまでの旅費援助要請のためにエスパニア国王に送った書簡の中で、

……翌日私たちは主の御公現の祝日（幼子イエズス・キリストが東方の三博士の礼拝を受けた記念日）である一月六日の直後に時間と経費を節約するため、海路でローマから出航しました。しかし、逆にジェノヴァ到着まで二十二日間もかかってしまいました。その後大使が厄介な三日熱に罹ってしまい、すでに今日で五日になりますが状態が悪いのです。またひょっとすると出費不足によって陛下に対する報告や本年の艦隊での日本への帰還のための出港許可書の申請を先行させて成し遂げることができそうにありません。

もし（大使の）病気が長引けば、経費の支払いも旅行を継続することもできなくなる恐れがありますので、やむを得ずこの件を陛下に報告いたし、当地在駐の大使あるいはしかるべき人に命じ、（支倉大使の）治療に必要な経費と私たちのエスパニアへの旅行に必要な援助を与えて下さるように請願いたします。もし（陛下の）

この恵みと庇護がなければただ死を待つのみです。」(A. G. S., E. 262. 三葉)

と、強く訴えている。

このソテロの書簡に対し、一六一六年二月八日付けでインディアス顧問会議は、次のような内容の意見書を作成している。

(ルイス・ソテロは)奥州の王の大使と共に赴いたローマへの旅について、またそこでの交渉がうまくいったことを報告している。さらに旅行の帰路のジェノヴァにおいて大使が三日熱に罹り悪化したことも伝えている。彼らはひどい困窮状態にあり、陛下の援助なしでは旅行を継続することはできないと思われる。他にとるべき方法がないので、ルイス・ソテロは大使にそこで治療するように命じてくれるように、また、彼らがエスパニアへ旅行することができるように懇願しております。なぜならば、他に死ぬ方法しかないからであります。

このソテロの書簡によると、ローマからエスパニアへ戻る行程を時間と経費を節約するため、陸路ではなくチヴィタヴェッキアから海路にした。ところが、ジェノヴァ到着まで二十二日間もかかり逆に膨大な経費を費やしてしまったのである。ちなみに使節一行がジェノヴァからチヴィタヴェッキアに向かう往路は僅か六日間だけであった。これはエスパニアへ戻る途中ジェノヴァ港に近いリヴォルノに寄港(一月十八日)し、ここからローマで大使に約束したフィレンツェ(当時はFiorenza)を訪問したためである。記録には、フィレンツェには五日間滞在したとあるが、リヴォルノからフィレンツェまでの陸路往復の旅行を含めると十日間前後かかっている。ローマ教皇から使節一行の旅費として金貨六千スクードを与えられているが、そのほとんどをフィレンツェ旅行で費やしてしまったのである。そのうえ、支倉常長が三日熱にかかり、二週間近く病床に臥したため余分な経費がかかったのである。それにしても旅費の節約を余儀なくされていたにもかかわらず、なぜ使節の直接的な目的と関係のないフィレンツェを儀礼的とはいえ訪問しなければならなかったのであろうか。結果的には、ジェノヴァでの滞在費とエスパニアに戻るための旅費が不足してしまい国王陛下への援助要請を必要としたのである。すでに拙著『支倉常長』（中公新書、一九九九年）でも紹介しているが、真実は順風満帆とは全く逆であり、使節一行は深刻な困窮状態にあったのである。

第4章

「支倉常長全身像」をめぐる謎

―カヴァッツァ伯所蔵の「日本人武士像」―

第1節 教皇パオロ五世の甥シピオーネ・ボルゲーゼ枢機卿

―芸術鑑識眼に優れた美術品の収集家―

支倉ら使節一行がローマ滞在中に特別に世話になり、支倉常長の秘書官だった小寺（池）外記の受洗の代父を務め、アルキータ・リッチに「日本人武士像」（通称、支倉常長全身像）を描かせた教皇パオロ五世（在位、一六〇五～一六二一年）の甥のシピオーネ・ボルゲーゼ枢機卿は、当時現在の教皇庁の文化省外交・儀典官の役職に就いていた。

教皇パオロ五世は、ボルゲーゼ家の四人兄弟の長男で本名をカミッロ・ボルゲーゼ（一五五二～一六二一年）といった。次弟はローマ教会総長を務めたフランチェスコ（一五五七～一六二〇年）と三番目の弟は聖天使城城代を務めたジャンバッテスタ

教皇パオロ五世の甥シピオーネ・ボルゲーゼ枢機卿（ローマ・ボルゲーゼ美術館蔵）

（一五五八～一六〇九年）で、末妹オルテンシア・ボルゲーゼ（一五六一～一五九八年）とフランチェスコ・カファレッリの長男として生まれたのがシピオーネである。シピオーネは、伯父が教皇として戴冠した二ヵ月後の一六〇五年に二十六歳の若さで枢機卿に任ぜられ、サン・グレゴリオ・アルチェリオ修道院院長、「サン・ジョヴァンニ・イン・ラテラノ教会」司教長、教皇庁文書局長、ローマ聖庁図書館長（現在のヴァティカン図書館）など多くの重要な役職を授けられた。

ボルゲーゼ枢機卿は、古代から当代までの絵画や彫刻作品などの美術品の収集家としても知られ、一六〇九年にサン・ピエトロ寺院の近くに「ジロー・トローニア館」を購入し収集した美術作品を収蔵した。これらの美術品は一六一〇年代にピンチャーナ門外の新しい荘館に移されることになり、その荘館が続く三世紀の間ボルゲーゼ家の歴史の舞台となった。ピンチャーナの荘館は美術館として古代および当代の芸術を代表する作品群の展示のためと音楽のサロンとして建造された。古代ローマ時代の荘館に着想を得たこの建物は、教皇庁の迎賓館として使用され、支倉ら使節一行を歓迎するための昼食会にも使用された。

ピンチャーナの荘館（ローマ・ボルゲーゼ美術館蔵）

第2節
制作者はイタリア人画家アルキータ・リッチだった
―ヴァティカン秘密文書館所蔵文書から判明―

東北大学教授の田中英道氏は、論文「ローマ、ボルゲーゼ宮『支倉常長』像の作者について」（『仙台市博物館調査研究報告』、第八号、一九八七年）、「クロード・ドゥルエによる支倉像」（日仏美術考古学会紀要八号、一九八八年）《Le portrait de Hasekura par Claude Deruet, in Bulletin de la Société Franco Japonaise d'art et d'archeologie, 8, 1988》および「クロード・ドゥルエによる侍、支倉常長像」（『ローレヌ地方』三号、一九八九年）《Le portrait du Samourai Hasekura Tsunenaga par Claude Deruet, in Le Pays Lorrain, 3, 1989, pp. 160-164》などの中で、カヴァッツァ伯のコレクションの支倉常長像と関係資料から、「日本人武士像」（通称、支倉常長全身像）（図2）の制作者はフランス人画家クロード・ドゥルエ（Claude Deruet）であると断定している。

田中教授が根拠にしているのは、すでに述べたローマ市国立文書館に保管されている「教皇パオロ五世一般出納帳」の日本使節関係の肖像画の支払い記録からの推論である。つまり、出納帳の記録にある肖像画二枚とは、従来、支倉常長が自ら将来した「支倉半身肖像画」と「ローマ教皇パオロ五世肖像画」であると考えられていた。しかし、田中教授は上記論文の中で、出納帳の《delli Ambasciatore》の文法上の問題から、ここで言われている肖像画二枚とは、「支倉半身肖像画」と「ローマ教皇の肖像画」のことではなく、「支倉半身肖像画」とカヴァッツア伯所蔵の通称「支倉常長全身像」（日本人武士像）であると推定した。ちなみに、仙台市博物館は、この田中説を受け入れ、現在同博物館が発行しているすべての印刷物に「日本人武士像」（通称、支倉常長全身像）の制作者を「クロード・ドゥルエ」と紹介している（『ローマの支倉常長と南蛮文化―日欧の交流・十六～十七世紀』／仙台市博物館、平成元年九月）。

ところが、田中教授の研究より三十五年以上前の一九五〇年代に、元ボルゲーゼ美術館長パオラ・デッラ・ペルゴーラ女史の史実に基づいた長年の緻密な研究によってボルゲーゼ家所蔵の「日本人武士像」（通称、支倉常長全身像）の制作者はイタリア人画家「アルキータ・リッチ（Archita Ricci）」であると断定されていたのである。その論拠は、まず、同教授の論文「ボルゲーゼ美術館への寄与」《(Contributi per la Galleria Borghese, in Bollettino d'Arte, 39, 1954, pp.138-139)》の中で、「支倉常長」（日本人武士像）を特徴付けている手書きの画像の出典と「日本人武士像」の絵のサイズがまさに一致することからである。（P. Della Pergola, "Contributi per la Galleria Borghese, in Bollettino d'Arte", 39. 1954. pp.138-139)

次に、「アルキータ・リッチ」は、実際にシピオーネ・ボルゲーゼ枢機卿から肖像画制作の依頼を受けており、その「日本人使節の起立の肖像《Doi Ritratti in piedi delli Ambasciatori Giapponesi di palmi》」の作品について、以下のように述べている。

……長さ二パルモの日本使節らの立像の二肖像画。ヴィーニャの洞窟の天井。上記の日本人使節らの肖像画の制作のために使用された二枚のキャンバスに対する支払いを除き、すべてわたしに対する支払いであった。私は一年と二十四日分の自分と召使に対する代価を受取った。

これと同じリストは、次のような添え書きと共に、別紙にも記されている。

［サン・セバスティアーノにおいて、私は聖ヒエロニムスのフレスコ画を描きました。私は現在、すべて自分の支払いで、チェンバロに対する金箔装飾を手掛けているほか、別の油彩画にも取り掛かっております］

一六一三年（?）七月二日、自署（アルキータ・リッチ）

《Doi Ritratti in piedi delli Imbasciatori Giaponesi di Palmi II. La volta della grotta alla Vigna.II Tutto si e fatto a mio spesi eccettuando per li doi Telari che servirno per li sud ti Ritratti delliGiaponesi et ha hauto la parte per me et Serv.re un anno et 24 giorno. Lo stesso elenco identico e ripetuto in altro foglio,con I'aggiunta : " ho fatto un quadro di Santo Girolamo in S. Sebastiano a fresco. Faccio hora un Cimbalo il quale e miso ad oro Oltre un'andaro pitura ad olio il tutto a mie spese.》

と、自ら証言している《(A. S. V., Fondo Borghese, vol. 7992,,（Registro Mandati Banco Rotoli 1618,busta 4170))

II luglio 1613（?）Archita Ricci

ペルゴーラ女史は、ヴァティカン秘密文書館（Archivio Segreto Vaticano）に所蔵されているこの歴史的証言に基づいて、「立ち姿の日本人使節」（日本人武士像）の制作者が、「アルキータ・リッチ」であることを突き止めたのである。これに対し、田中教授は、著書『支倉六右衛門と西欧使節』（丸善ライブラリー、九三年、一二七頁）の中で、

（ヴァティカン秘密文書館に所蔵されている）アルキータ・リッチの文書の日付けが、使節が訪問した一六一五年より以前の一六一三年なのは不自然である。そして二大使の像というのに一方が法王の『パオロ五世』像であることなど、辻褄が合わない事が多すぎるのである。この論文を根拠に拙論を批判される向きもあるが、このペルゴラ女史の論文の欠点を再検討されてから述べて欲しい。

と、反論している。確かに、田中教授が指摘しているように、アルキータ自身が文書に署名している期日が「一六一三年」というのは、不自然である。しかし日本使節がローマを訪れたのは、天正少年使節団（一五八二〜一五九〇年）のほかには、一六一五年の支倉らの慶長遣欧使節団だけであり、一六一三年に別の日本使節がローマを訪問したという記録は存在しない。したがって、アルキータ・リッチの記述ミスか、或いはペルゴーラ女史の原文からの転写ミスのいずれかであると判断される。

そこで筆者は、このアルキータ・リッチの文書の日付の確認作業を行うため、二〇〇四年九月二〇日午前、三年振りにローマのヴァティカン秘密文書館を訪れた。同文書館で文書閲覧のための特別な入館許可書を入手し、「ボルゲーゼ文庫七九九二巻封

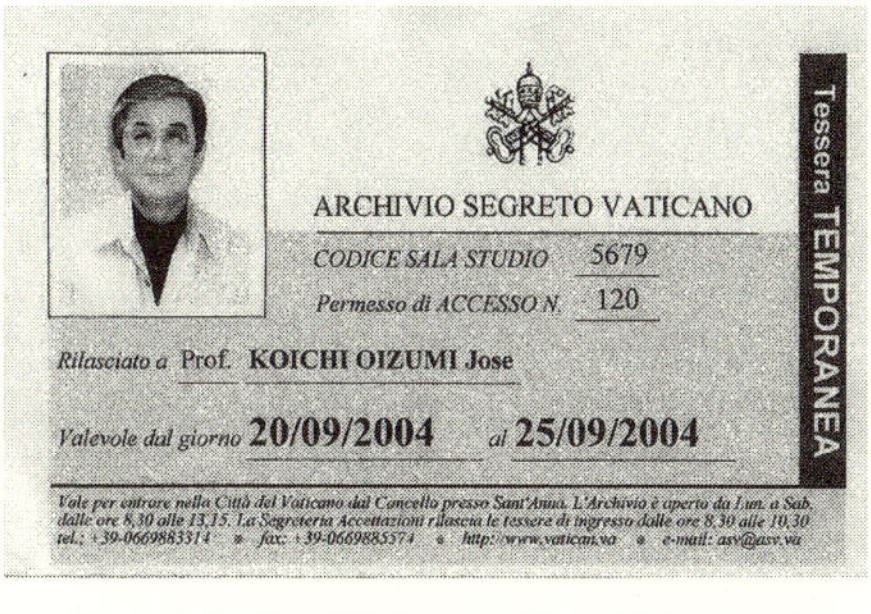

ローマ・ヴァティカン秘密文書館から筆者に与えられた入館許可書

書四一七〇（Fondo Archivio Borghese, Vol.7992, Busta 4170）」の閲覧を申請した。同文書館の係員が書庫から持ってきたのはかなり破損が激しい古ぼけた薄茶色に変色した数百枚に及ぶ分厚いボルゲーゼ家の会計文書であった。その表紙には、「BICCHICR. Ro 1607 a 1623 Vetr Ro DA 1607 A 1621 RROFVM ARCHIBVG……」と記されていた。筆者は数時間かけて、封書の中身がすべて受領証や清算書で占められている会計文書を一枚ずつ注意深く調べ、アルキータ・リッチの支払い受領証を探した。その結果、アルキータ・リッチが間違いなく「１６１８年」と署名している受領証を再確認することができた。したがって、ペルゴーラ女史が原文から転写した際、「８」の数字の左側の文字がかすれていたため「３」と判読してしまったものと推察される。

ところで参考までに述べるが、慶長遣欧使節の関連文書や日本のキリシタン関係の古文書が所蔵されている「ヴァティカン秘密文書館（Archivio Segreto Vaticano）」は、パオロ五世によって一六一〇年に創設された。同文書館には想像を絶するほどの厖大な古文書が、種別により、あるいは編年的に整理収蔵されている。館内には文書の整理と、その復刻に生涯を捧げている館員がいる。文書館に入館するためには館長から特別な許可を得なければならず、建物内部の撮影は全面的に禁止されている。

話を戻すが、「立ち姿の日本武士像」の制作者がアルキータ・リッチであるというもう一つの確かな論拠は、一六一八年十一月三十日付けで、（モンテ・カヴァッロ発信）ボルゲーゼ枢機卿の執事ステーファノ・ピニャテッリが、アルキータ・リッチに対して

ヴァティカン秘密文書館の建物

肖像画の代金を支払うようにと指示する文書を送っていることからである。その内容は以下のとおりである。

　複数の場所で描かれたすべての絵画並びに、ピンチャーナ門に所在する我々のヴィーニャ及びサン・バスティアーノ・フォーリ・レ・ムーラ修道院において、我々に対して割いたすべての時間を費やして制作された、或いは制作させたその他のあらゆる作業、すなわち、下記のリストに挙げられた様々な肖像画に対するすべての残額として、画家アルキータ・リッチに、四〇〇スクードの現金を負うものであります。受領証と引き換えにお支払い下さいますようお願い致します。モンテ・カヴァッロ、一六一八年十一月三十日、ボルゲーゼ枢機卿の執事ステーファノ・ピニャテッリ」

《"Ad Archita Ricci pittore sc.quattrocento mta sono per resto e saldo di tutte le pitture fatte in piu luoghi,e qualsivoglia altri Lavori c'ha fatti e fatti fare per tutto il tempo che ci ha Servito tanto alla nostra Vigna di Porta Pinciana come anco a S.Bastiano fuori le mura nostra badia con diversi ritratti come lista appresso. Con ricevuta pagherete. Di Monte Cavallo il di 30 di 9mbre 1618. Il Card.le Borghese. Stefano Pignatelli Maggior-domo"》(ASV, Fondo Borghese, Vol.7992, -Registro dei Mandati, Banco Rotoli, 1618 : P.51, n.525 :)

一六一八年十一月三十日付けの上記文書に示されているアルキータ・リッチが描いた

ヴァティカン秘密文書館内部の文書所蔵庫

肖像画のリストの中に「立ち姿の日本人使節像（日本人武士像）」が含まれていることから、同肖像画の制作者は間違いなくアルキータ・リッチであることが証明されるのである。

ところで、「アルキータ・リッチ」の証言文によると、彼は日本人使節らの立像の肖像画を二枚描いたとある。しかし同一人物の立像画を二枚描いたのではなく、二人の人物を別々に描いたと解釈される。これらの二人の人物とは誰と誰を指すのであろうか。

この疑問に対し、ペルゴーラ女史は、二枚の立ち姿の肖像画の人物を二人共日本人と解釈し、一枚は「支倉常長像」と考え、そしてもう一枚について、前に述べた論文で、

> （もう一枚の）絵画には日本人の容貌らしさはほとんどなく、むしろトルコ人に似ているが、これもまた、ローマを訪れた最初の東洋の大使の一人の肖像画に違いない。これら二つの作品からは、粗雑な装飾家であるアルキータ・リッチの芸術的才能の乏しさが窺える。もちろん、心理描写における繊細さもまったく持ち合わせていない。

と、記しており、もう一枚の肖像画が一六〇九年八月二十七日にローマを訪れて、ローマ教皇パオロ五世に謁見したペルシャのアリ・ゴリ・ベク・モルダル（Ali Goli Bek Mordar）大使（次頁図）であることを特定することができなかったのである。

なお、ボルゲーゼ美術館学芸員（当時）のクリスティーナ・H・フィオーレレ女史（現在同美術館館長）は、平成四年（一九九三年）に「仙台市博物館調査研究報告」（第

ヴァティカン秘密文書館内部（二階の間）正面入口の上部には一六〇九〜一六一八まで、ローマ聖庁図書館長（現ヴァティカン図書館長）を務めたシピオーネ・ボルゲーゼ枢機卿の紋章がある

十三号）に寄稿した論文"Testimonianze Storiche sull'Evangelizzazione dell'Oriente Attraverso I Ritratti Nella Sala Regia del Quirinale"（東洋におけるキリスト教福音伝道の歴史的証言）の中で、田中教授が推定した「日本人武士像」の制作者が「クロード・ドゥルエ」であるという見解には作風の理由などから賛成できず、パオラ・デッラ・ペルゴーラの「アルキータ・リッチ」の作品であるという解釈の方が正しいと指摘している。

ちなみに、国立科学博物館のホームページ「イタリア科学とテクノロジーの世界—

（上）アルキータ・リッチが描いたペルシャ王国の「ゴリ・ベク・モルダル大使の肖像画」（ボルゲーゼ家所蔵）
（下）一六〇九年九月二十八日、ローマ教皇パオロ五世に謁見し、教皇の足に接吻するペルシャ国王が派遣したアリ・ゴリ・ベク・モルダル大使（ローマ・アンジェリカ図書館蔵）

ダ・ヴィンチ、ガリレオとその後継者たち―」には、アルキータ・リッチ作《支倉常長》（日本武士像）一六一五年（ローマ、狩猟クラブ所属）と紹介されている。

第3節　明治の観察記録と「古写真」

1●「日本人武士像」の由来

ローマ・ボルゲーゼ家所蔵の「日本人武士像」の画像（一二一ページ、図2）の存在が知られるようになったのは、一六二七年にドイツ人建築家J・F・ワルテンバッハが著書『イタリア旅行記』(J. Furtten Bach, Newes Itinerarium Italiae, Ulm. 1627) の中で、「(ボルゲーゼ枢機卿宅の) 階上の部屋にはたくさんの素晴らしい絵画があるが、その中でも特に日本国の外交使節の肖像画……(略)」と、初めて世に紹介してからである。

この「日本人武士像」の肖像画がわが国で最初に紹介されたのは、「岩倉欧米視察団メンバー」の福地源一郎の明治二十一年（一八八八年）七月十日および十一日付け東京日日新聞に「支倉六右衛門肖像の事―羅馬の日本の古事を知る」と題する記事によってである。しかしながら、当時はまだこの「日本人武士像」に関する客観的な資料に基づく研究が進んでいなかったため、福地は主観的な観察のみで支倉常長の肖像画であると判断したが、その後間もなく、後述するが、大槻文彦、渡辺修二郎の二人から反論されている。

大槻文彦は、『文』（第四巻第一号、金港堂、一八九〇〈明治二十三〉年）の中で、「日本人武士像」について次のように述べている。

……（略）又茲歸朝ノ辰野金吾氏羅馬ニテ黄門公ガ法王ニ贈ラレシ書翰ノ和文羅甸文合二通及び支倉氏ガ滞在中ニ寫シテ留メシ油繪ノ像ヲモ石板寫眞ニシテ持歸ラレタリ（合三通各百枚ヲ寫シテ同志ト頒テリト云）前ニ掲ゲタル支倉氏ノ畫像ハ郎辰野氏ヨリ富田鐵之助氏（元仙台藩士、第二代日本銀行総裁を歴任し、七十七銀行創立に貢献）ヘ贈ラレシモノヲ重刻セルナリ是ニ於テカ此ノ逸事ノ顚末愈分明ニ世ニ知ラルルコトトナレリ……（略）

つまり、わが国の最初の建築士として、また最初の帝国大学工科大学建築学教授として、わが国の建築学術の進歩発展に寄与した辰野金吾が明治十三年二月、造家学修行のため英国、フランス、イタリアの三カ国に留学し、明治十六年五月に帰国した。辰野金吾はイタリア滞在中に「日本人武士像」を鑑賞し、石版写真（図10）にして日本へ持ち帰り富田鐵之助に寄贈した。富田は「日本人武士像」の石版写真を重刻して関係者に配布したことによって広く知られるようになったのである。この時辰野は何を根拠に「日本人武士像」が支倉の肖像であると判断したのか記録がないので分からない。明治四年の岩倉欧米視察団のヴェネツィア訪問において初めて支倉の存在を知ったことからヒン

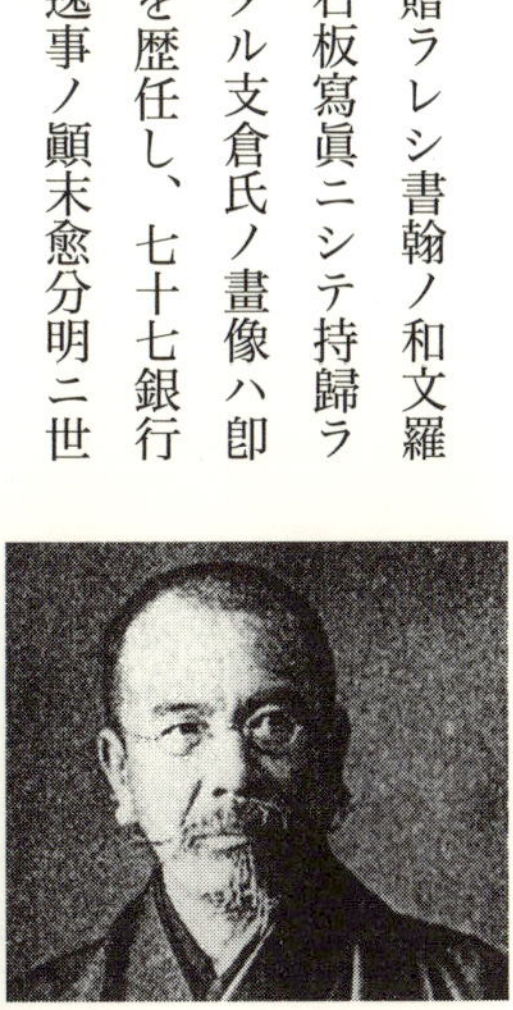

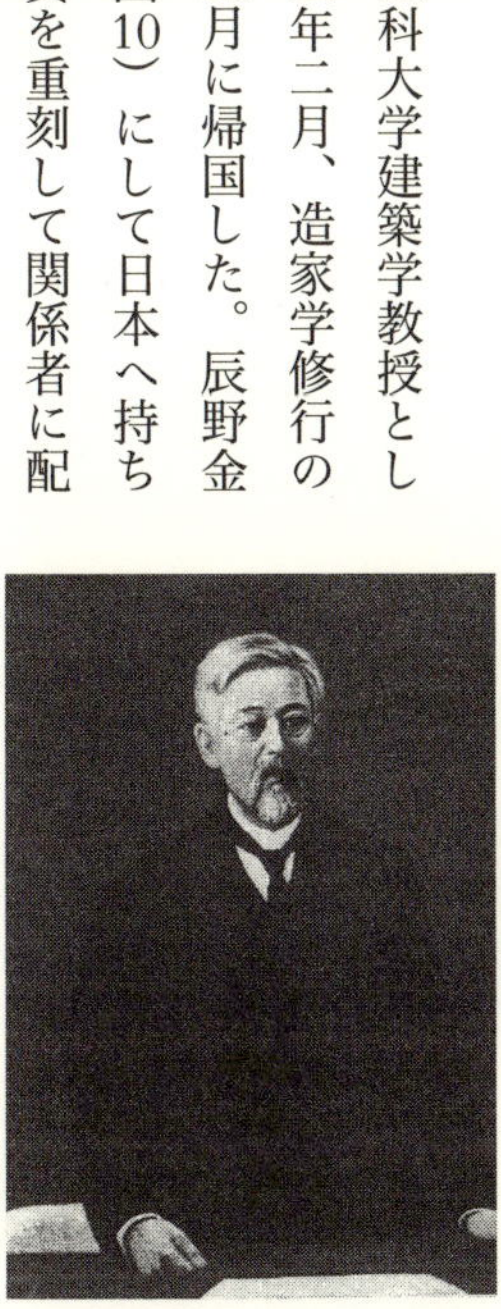

（右）「日本人武士像」の石版写真をローマから日本へ持ち帰った辰野金吾
（左）元仙台藩士で日本銀行第二代総裁富田鐵之助

トを得て支倉の肖像と判断したのではなかろうか。

また、大槻文彦は、ローマ・ボルゲーゼ家所蔵の「日本人武士像」の人物が誰かについて次のように述べている。

文彦云此像（半身肖像画の原画）ヲ見ルニ篇首ニ掲ゲタル像（石版写真）（辰野氏ノ齎シ歸レルモノ）ト顔色稍異ナル所アルヲ覺ユ此像ハ支倉氏自ラ齎シ歸リテ

図10　建築家辰野金吾がローマから持ち帰った「日本人武士像」の石版写真。明治十六年五月（『文』第四巻第一号、金港堂、明治二三年）

三百年來蔵シタルモノナレバ相違アルベキヤウナシ且同氏ハ當時五十歳ニ近カリケムコトモ前ノ考證ニ委シ此像ノ容貌正ニ其年齢ニ符合スルニ辰野氏ノ齎シ歸レル像ハ是ヨリハ遙ニ年若キガ如キヲ覺ユ（且此ハ平顔ニテ前ナルハ中高ナリ）或ハ羅馬ニテ當時九州ノ大友家有馬家ナドノ使臣ノ像ヲ誤リ傳ヘタルニハアラジカ

と、画像の人物が当時五十歳に近かった支倉より遥かに若者であることを強調している。

この文書の中で大槻文彦が「日本人武士像」の人物が「天正少年使節」のメンバーの一人であると指摘しているのは、後述する支倉常長の秘書官であった小寺（池）外記の存在に関する知識がなかったためである。

2●大熊氏広による「日本人武士像」に関する観察記録

明治二十一年から同二十二年までイタリアの近代美術を学び、わが国の近代彫刻の先駆者として知られる大熊氏広（安政三〈一八五六〉年～昭和九〈一九三四〉年、武蔵国足立郡〈現在の埼玉県鳩ヶ谷市〉出身）は、「日本人武士像」について次のような精緻な観察記録を残している。（渡辺修二郎著『世界ニ於ケル日本人』）

……（略）、其實見スル所ヲ記シテ曰ク『余ハ我公ノ紹介ヲ得テ特ニ其畫像ヲ一見セシニ額ノ幅ハ五尺、竪七尺許モアリ、容貌肉色共ニ眞ニ迫リ、頭ハ散髪ニテ、鼻下ニ八字髯アリ、羽織野袴ヲ着シ、兩刀ヲ帯ビ、右ノ手ヲ卓ノ上ニ置キ、左ノ手ニテ腰ノ邊刀ノサシメヲ押ヘ、正面ニ立チタリ。服ハ薄ノ模樣アリテ、紋所ノ兩脇

「日本人武士像」に関する精緻な観察記録を残したわが国の近代彫刻の先駆者大熊氏広

ニ白線ヲ三節引ケリ、羽織モ同シ薄ニ鹿ノ模様アリ、袴ハ黄ト青トノ染分ニテ、同シ模様ナリ、其イデタチ宛然繪ニ物セル鎌倉時代ノ武士メキタリ。腰ニ佩キタル太刀ハ二尺五六寸モアルベク、鍔ハ鐵ニテ、九曜ノ紋チラシ、脇差ハ鮫柄ニテ、下ケ緒ハ赤ナリ、足ニハ模様アル足袋ヲハキ、麻草履ヲ穿タリ。其右ナル卓ノ上ニハ兜ノ如キ帽ヲ置ケリ、古色ヲ帯ビテ頗ル黒ミタレバ明ニハ判ラズ總躰ノ恰好ヲ云ヘバ、丈五尺四五寸、肉色ハ「オリーブ」色ニテ、顔貎凜乎トシテ封建時代ノ一武士タルニ違ハズ。其足下ニハ一ノ洋犬アリテ跪ケルハ、畫ノ取リ合セナルベシ。又額ノ中、肖像ノ傍ニ四角ノ枠ヲ取リ、其中ニ小サク畫ケル圖ハ、上ニ日天、其ノ下ニ五光ヲ放テル鳩、其又下ニ神女三人ニテ十字架ヲ捧グル像アリ。最下段ニハ二三百年前ノ軍艦トモ覺シキ大船アリテ、左右ノ砲門ヨリ一度ニ發砲シ、白ノ渦巻キ上ル圖アルハ、此等ノ人ヲ乗セテ歸リタル羅馬ノ軍艦ガ到着ニ對シテノ祝砲ナルベシ。是ハ傍ナル海岸ニ老若男女ノ群リ居テ之ヲ見物スル様ニテ察セラル。其船ハ二本檣ニ五ツノ帆ヲ擧ゲ、又海岸ノ景色頗ル好シ。ソモ此ノ畫像ハ凡筆評シ難ケン、當時ノ畫工ガ日本ノ衣服模様等ヲ見慣レザルヨリ、現ニ實物ヲ寫シタルモノナレ、今一ト際ト思フケ所ナキニシモアラズ、但其顔色恰モ生ケルガ如キ様ニ畫キタルハ實ニ感服ナリ

大熊は当時の駐イタリア日本国特命全権公使徳川篤敬《あつよし》伯爵の紹介で「日本人武士像」を検分した。彼は先入観にとらわれることなく、冷静な目で「日本人武士像」を見分し、

前述したような精緻な観察記録を残している。しかしこの画像の人物が誰であるかについては何も言及していない。

3●東京国立博物館で眠っていた「日本人武士像」の古写真
—徳川篤敬駐イタリア日本国特命全権公使が寄贈—

平成十五年一月、筆者は、上野の東京国立博物館資料室で明治三十五年に帝室博物館が撮影した「支倉常長半身像」の写真を再確認する作業を行った。その際、旧水戸藩の当主で駐イタリア日本国公使伯爵・徳川篤敬が明治二十一年に帝国博物館に寄贈した「日本人武士像」の原画写真（図12）《以下、「日本人武士像の原画写真」と記す》を偶然発見した。この写真の名称は、東京国立博物館の資料目録では「大名肖像画」となっており、具体的な人物の名前は記述されていない。この原画写真は徳川篤敬伯爵が駐イタリア特命全権公使を拝命していた時にローマで撮影して持帰ったものと推察される。そして大熊氏広が持ち帰った「日本人武士像」の写真模刻の木口彫り（図11）は、この「日本人武士像の原画写真」を模刻したものである。

筆者は東京国立博物館から特別観覧許可を得て木製額縁入りの「大名肖像画」（日本人武士像）を検分したが、すでに百年以上も経っているため写真の表面は黄色く変色していて全体像を把握することはできなかった。しかしながら、幸いにして博物館側が変色する前に複写したネガを保存していたため、かなり暈《ぼ》けているがどうにか全体像を観察することができた。ただ、和服の模様、ブラウスの襟、大小の刀剣などの原形は保たれているが、顔の輪郭や目、鼻、口元などの判別はつかない。

この「日本人武士像の原画写真」は、イタリア、日本両国において現存している写真の中で最も古く、大変貴重な歴史的史料である。

なお、寄贈者の徳川篤敬伯爵はこの「日本人武士像」が誰であるかについては大熊氏広同様特定せず「大名の肖像」と称している。

図11　彫刻家大熊氏広による木口彫の木版画の「日本人武士像」明治二十二年（渡辺修二郎『世界ニ於ケル日本人』より）

図12　徳川篤敬駐イタリア日本国特命全権公使が帝国博物館に寄贈した「大名の肖像」〈「日本人武士像の原画写真」〉（東京国立博物館蔵）

第4節

観察記録と異なる現存画

1●「日本人武士像」背後の女性像の一人が聖フランシスコに変身

これらの「日本人武士像の原画写真」のうち、東北帝国大学の大類伸教授が入手した画像写真を細かく観察してみると、「支倉半身像の現存画」のシンボルとなっている揉み上げが描かれていないので、加筆する前の画像と推察される。また、同画像写真の左側の窓枠には、「日本人武士像の原画写真」の画像に描かれている聖霊の鳩とその下の三人の女性像と帆船が消されているのである。これは新しい絵を描くために元々あった絵をすべて消してしまった後のものと思われるがはっきりした理由は分からない。

前述の福地源一郎による東京日日新聞の記事および大熊氏広の観察記録の中に「……神女（女性像）三人ニテ十字架ヲ捧グル像アリ」と、記されており、すでに述べたように、大熊氏広が写真模刻した木版画の窓枠内にも女性像が描かれているが、「日本人武士像の現存画」には二人の女性（天使？）像とフランシスコ修道会の創始者聖フランシスコ像が描かれているのである。これはフライ・ルイス・ソテロ師がフランシスコ修道会所属の宣教師であり、また慶長遣欧使節団が訪問国のフランシスコ修道会の援助を受けたことから、その関係を強調することによって、この「日本人武士像」を支倉常長に仕立てるために、後世に改作されたものと推測される。

2●観察記録にないガレオン船の九曜紋と支倉家の家紋
—「サン・ファン・バウティスタ号」に見せ掛けるために加筆？—

「日本人武士像の原画写真」の画面左側の窓枠にあるガレオン船ははっきりと見えるが、船の舳先の伊達家の九曜紋とマストの支倉家の「逆さ万字と違い矢紋」を正確に確認することはできない。しかしながら、前に述べた大熊氏広および福地源一郎の観察記録には、「九曜紋」と「逆さ万字と違い矢紋」について何も記述されていないのである。

元々、原画に描かれていなかった伊達・支倉両家の紋章を加筆することによって使節一行を乗せて太平洋を渡った「サン・ファン・バウティスタ号」に見せ掛け、この画像の人物が「支倉常長」であることを立証しようとしたのではなかろうか。

この点に関して濱田直嗣氏（当時仙台市博物館副館長）は、『よみがえった慶長使節船』（慶長遣欧使節船協会編）の中で、明治二十一年七月十三日付の奥羽日日新聞に転載された福地源一郎の紹介記事を引用して

……マストの上に掲げられた支倉家の紋章入りの旗までは確認できずにおり、残念ながら、月の浦出航の黒船であるとの特定も果たせず、地中海のガレオン船の歓迎の様子に見立ててしまう……

と、述べている。しかしながら、前述の「羅馬ノ文庫ニ蔵スル日本人ノ畫像」と奥羽日日新聞にも、「鍔ハ鉄ニテ九曜ノ紋散ラシ、鞘ハ黒漆ニテ同ジク九曜紋散ラシ脇差ワ鮫柄ニテ……」と、鍔や鞘の九曜の紋に関する詳細な観察記録が残されているにもかかわ

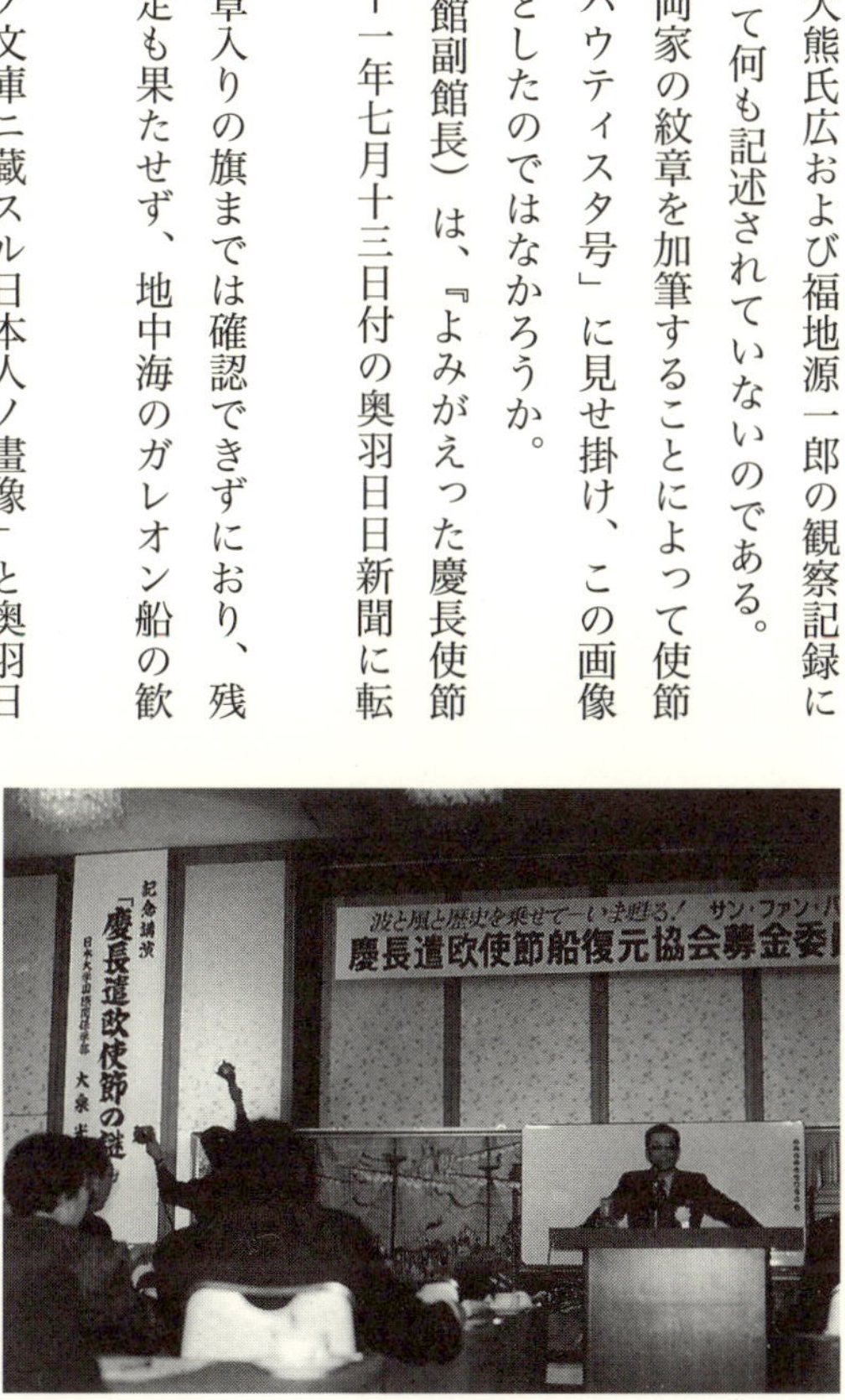

「サン・ファン・バウティスタ号」復元協会で記念講演をする筆者（一九九一年十二月十六日）

らず、ガレオン船の舳《へ》先《さき》の腹にある九曜紋とマストの船旗の支倉家の「逆さ万字と違い矢紋」だけを見落として確認できなかったというのはあまりにも辻褄の合わない話ではなかろうか。

そもそも観察記録とは、「物事の様相をありのままにくわしく見極め、そこにある種々の事情を記録する」（大辞林）ことであり、観察していないものを記録しないのが一般的である。

上図の木版画（写真模刻**図11**）の窓枠に描かれているのは聖フランシスコ像ではなく女性像である。原画には神女三人が描かれていたが、下図の現存画（筆者撮影）には二人の女性像と聖フランシスコ像が描かれている。ガレオン船には観察記録に描かれていない九曜紋と支倉家の紋が入っている

いずれにせよ、「日本人武士像」の制作者のアルキータ・リッチが、実際に見ていない船（「サン・ファン・バウティスタ号」）の舳先に伊達家の九曜紋やマストに支倉家の「逆さ万字と違い矢」の旗などを描く根拠が見当たらないのである。

話は変わるが、一九九三年十月、宮城県は官民合同で二十数億円以上の巨額の建造費をかけて慶長遣欧使節船「サン・ファン・バウティスタ号」を復元した。復元船建造の根拠は、この「日本人武士像」の左下隅に描かれているガレオン船に伊達家の九曜紋と支倉家の「逆さ万字と違い矢」の家紋が描かれているからとしている。ちなみに、サン・ファン・バウティスタ号の復元計画を進めた「慶長遣欧使節船復元準備会」は、平成二年十二月四日設立以来、復元専門部会を中心に各界の意見、資料を収集、検討の結果、「復元の基本方針」として、「ローマ・ボルゲーゼ宮保管のクロード・ドゥルエ（アルキータ・リッチの誤り）筆による『支倉常長像』（日本人武士像）に描かれた船絵は、その支倉像の克明で精緻な表現から見ても、復元の有力な判断材料として把えるべきである」（跡部進一編『伊達の黒船物語』財団法人慶長遣欧使節船協会、平成十二年三月）と決定した。

3● 「日本人武士像」の左手の薬指に指輪を加筆

さらに、「日本人武士像の現存画」の左手の薬指の関節（一般的に指の関節に指輪をする習慣はないが）に宝石のついた指輪を嵌めているが、「日本人武士像の原画写真」、

慶長遣欧使節復元船「サン・ファン・バウティスタ号」

辰野金吾による石版画像および木版画像の左手の指には指輪は描かれていないし、「日本人武士像の原画写真」のうち（図13）および（図14）の画像左手の薬指の関節には蝕破の痕のような黒い斑点が見られるが指輪でないことがはっきりと判る。これは支倉常長半身肖像の左の薬指に指輪を加筆したので、「日本人武士像」の指にも同じような指輪を加筆することで、支倉常長像に仕立て上げようとしたのである。ちなみに、大熊氏広の観察記録には指輪のことは何も記述されていない。

4●「日本武士像」のブラウスの襟にレースの縁飾りを加筆

「日本人武士像の原画写真」の襟にはレースの縁飾りが見当たらないが、「日本人武士像の現存画」には、「支倉常長半身像」の「古写真」のレースの縁飾りと同じデザインのレースの縁飾りが加筆されており、襟の形も変わっている。これも「日本人武士像の原画」に「支倉常長半身像」の「古写真」に描かれているブラウスと同じデザインの縁飾りを加筆することによって、「日本人武士像」を支倉常長に仕立てようとしたのではないかと推測される。

木版画（写真模刻、図11）の左手の薬指には指輪は描かれていない

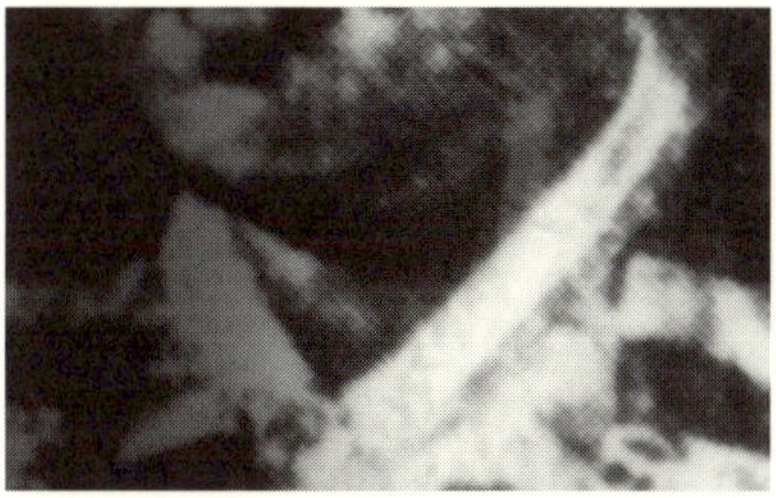

「日本人武士像」の「原画写真」（図12、13、14など）のブラウスの襟にはレースの縁飾りは描かれていない

「日本人武士像」の現存画（図2）には、仙台市博物館蔵の「国宝・支倉常長半身肖像画」の「原画」（図4）のブラウスの襟のレースの縁飾りと同じデザインのレースの縁飾りが加筆されており、襟の形も変わっている

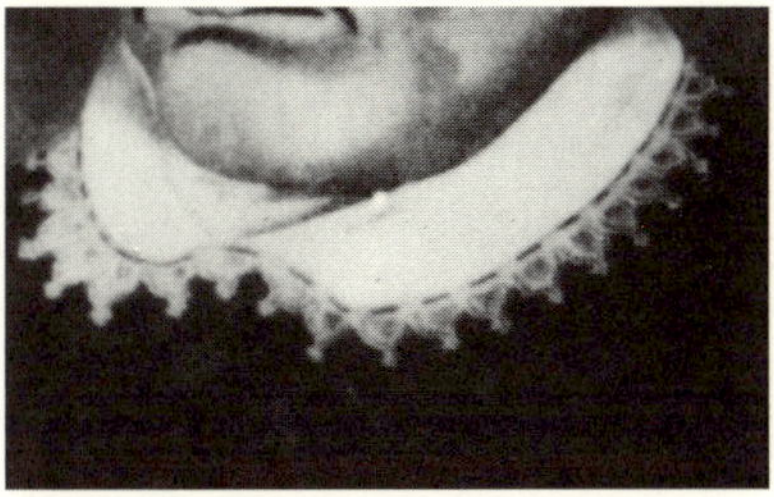

「支倉半身肖像画」の「古写真」（図4）のブラウスの襟のレースの縁飾り

第5節　加筆疑惑の検証

ボルゲーゼ家所蔵の「日本人武士像」の原画写真には、前記東京国立博物館所蔵の写真画像のほか、明治四十年に農商務実業講習生としてイタリアに留学し、大正五年に帰国した東京美術学校出身の洋画家寺崎武男（一八八三～一九六七年）が持ち帰った画像写真と大正十一年十月から約一年間文部省の在外研究生としてイタリアに滞在した東北

帝国大学大類伸教授が昭和五年頃ボルゲーゼ伯爵から駐日イタリア大使館を通じて入手した画像写真がある。これらのほかには、前に述べた辰野金吾氏の石版写真と「日本人武士像の原画写真」を模刻した木口彫りの木版画がある。

「日本人武士像の現存画」とこれらの「日本人武士像の原画写真」（図12、13、14）および「日本人武士像の原画写真」を模刻した木版画を比べると、次のような相違点が観察される。

(1)　まず、原画写真の人物の顔は「日本人武士像の現存画」よりはるかに若く、「支倉常長半身像の原画写真」の画像と比べるとまったく似ていないのである。

(2)　「日本人武士像の原画写真」および原画写真を模刻した木版画には、「日本人武士像の現存画」に描かれている「支倉常長半身像の原画」のブラウスの襟のレースの縁飾りがついていない。

(3)　「日本人武士像の現存画」に描かれている聖フランシスコ像は、木版画（写真模刻）には大熊氏広の観察記録通り女性像が描かれている。

(4)　大熊氏広の観察記録に「脇差ハ鮫柄ニテ、下ケ緒ハ赤ナリ」と書かれているが、現存画の脇差は、加筆・改竄された「支倉常長半身像」の現存画と同じ漆塗りに変わっており、緒も赤色ではなく金色になっているのである。

(5)　「日本人武士像の現存画」に描かれている左手の薬指の指輪が「日本人武士像の原画写真」と木版画には描かれていない。

図13　洋画家寺崎武男がローマから持ち帰ったボルゲーゼ家所蔵の「日本人武士像」原画写真（寺田成友『和蘭夜話』昭和六年）

図14　東北帝国大学大類伸教授が駐日イタリア大使館から入手した「日本人武士像」原画写真（『伊達政宗卿南蛮遣使』昭和十年）

「日本人武士像の現存画」の画像右上の緞通の王冠と「逆さ万字と違い矢」紋も「日本人武士像の原画写真」および木版画には描かれていないのである。

以上のように、「日本人武士像の原画写真」および木版画と「日本人武士像の現存画」を比べると、多くの相違点があることが分かる。

1●なぜ「日本人武士像」を加筆・改作したか
—明治、大正、昭和初期の論争が動機—

■明治時代に支倉常長か伊東満所かで激しい論争を展開

さて、ここで「日本人武士像」を加筆・改作した理由について検討してみる。

すでに述べたように、「岩倉欧米視察団メンバー」の福地源一郎が、明治二十一年（一八八八年）七月十日及び十一日付けの東京日日新聞に書いた「支倉六右衛門肖像の事—ローマの古事を知る」という記事で、ローマの「日本人武士像」が「支倉常長」の肖像画であると初めて紹介し、広く世に知れ渡った。これに対し、大槻文彦は明治二十三（一八九〇）年六月発行の『文』第四巻第六号で、次のように反論している。

文彦云、支倉ノ肖像（半身像の原画）……（略）此像ヲ見ルニ篇首ニ掲ゲタル像（辰野氏ノ齎シ歸レルモノ）ト顔色稍異ナル所アルヲ覺ユ此像ハ支倉氏自ラ齎シ歸リテ三百年來藏シタルモノナレバ相違アルベキヤウナシ且同氏ハ當時五十歳ニ近リケムコトモ前ノ考證ニ委シ此像ノ容貌正ニ其年齢ニ符合スルニ辰野氏ノ齎シ歸レル

（前ニ掲ゲタルハ）像ハ是ヨリハ遙ニ年若キガ如キヲ覺ユ（且此ハ平顔ニテ前ナルハ中高ナリ）或ハ羅馬ニテ當時九州ノ大友家有馬家ナドノ使臣ノ像ヲ誤リ傳ヘタルニハアラジカ

「支倉半身像」（原画）の方は年齢が五十歳に近いが、「日本人武士像」の方の容貌は「支倉半身像」より遥かに若いので、「日本人武士像（支倉常長像）」は、天正年間に九州の大友、有馬、大村の三藩がローマ教皇に派遣した「天正（少年）遣欧使節団」のメンバーであり、それを誤って伝えている。」と、支倉常長説を強く否定したのである。

また、渡辺修二郎は、その著書『世界ニ於ケル日本人』（明治二十六年）の「羅馬ノ文庫ニ藏スル日本人ノ畫像」の項で、

世人或ハ此ヲ以テ下ニ記スル支倉六右衛門ノ畫像ト認ムル者アリ（右ノ實見者（大熊氏広）モ亦然リ）、然ルニ羅馬ヨリ得タル其寫眞石版ヲ取テ之ヲ見ルニ、支倉ヨリモ年齢遙ニ若ク＝二三十歳ノ間ト想ハル＝顔貌風采亦頗ル異ル所アリ。一ニ或ハ羅馬ニテ當時九州大名ノ使臣ノ像ヲ誤リ傳ヘタルニハアラジカト云フ。余モ亦同ニソ、伊東義賢、又ハ千々石清左衛門、然ラズンバ次ニ記スル……（略）

と、支倉常長説を否定し、伊東または千々石説を強調している。

つまり、渡辺修二郎は大熊氏広がローマから持ち帰った木版写真（日本人武士像）と「支倉半身像」（原画）を比べて、大槻が指摘しているように「日本人武士像」の方が「支倉半身像」より遥かに若く二十～三十歳の間であり、容貌も異なることから「天正

少年遣欧使節団」の伊東義賢か千々石清左衛門の肖像を誤って伝えていると、反論している。

こうした大槻、渡辺両氏による激しい反論によって「日本人武士像」は、福地源一郎がいう支倉常長ではなく、「天正遣欧使節」の伊東満所であると認識されるようになった。その後、大正七年に『日本歴史図鑑』が発行され、その中でローマの「日本人の画像」は支倉常長ではなく伊東満所であると、次のように紹介された。

羅馬ボルゲーゼ公文庫蔵、幅五尺長七尺余の着色せる日本人の画像で、従来この画像を支倉常長であろうという説もあるが、第一その年齢から云っても支倉にしてはあまり年が若過ぎる。第二に容貌が他の支倉の半身（像）や全身像に比べて似たところがない。第三にこの画の伝ったボルゲーゼ家は羅馬法王グレゴリオ十三世と親密なる関係があり、この法王は特に大友氏等の使節伊藤満所等を優遇したのである。然るに支倉に至っては時代も異なり、何等さういう関係がない。そこで今は伊東満所の画像であろうと云はれて居る。我々はこの説を採るのである。

という内容である。

■幸田、伊東両氏による『日本歴史図鑑』への反論

ところが、『日本歴史図鑑』に「日本人武士像」は伊東満所の肖像画であると公式に掲載された後、今度は幸田成友、伊東信雄の二人による『日本歴史図鑑』に対するかなり熱のこもった反論が著作や論文をとおして展開された。反論の焦点は、「日本人武士

像」は伊東満所ではなく支倉常長であると結論付けるものであった。二人の反論の概要は次のとおりである。

まず、幸田成友は、その著書『和蘭夜話』で、「日本人武士像」は伊東満所ではなく、「支倉六右衛門（常長）」であると述べ、

> ……然るに数年伊太利に滞在せられた画家寺崎武男氏が、原物をボルゲーゼ家で一覧し、その写真を持参せられたことは、感謝に値します。この図を伊東満所の肖像とする説もありますが、第一年令があいません。容貌は伊達家に伝へる支倉の像と似ている。摺箔と刺繍とを交へたと思はれる衣服の模様および畫面の左方卓上の帽子は『使節ローマ入市記』に大使の服装は『地質最も華美にして、絹及び金銀を以て、白地に花、鳥獣類を繍出せり、又イタリア風の襟飾及び帽子を着け……』（大日本史料第十二編之十二、二十三頁）とあるのに能くあっています。鍔に彫刻してある九曜の星は伊達家の紋所、また原畫の所有者ボルゲーゼ家は、当時使節一行の世話をしたボルゲーゼ枢機卿の血続きです。是等の諸点から推して、本図は支倉六右衛門の肖像に相違ありません。

と、主張している。

次に、伊東信雄は、その論文「羅馬ボルゲーゼ家所蔵の肖像画に就て」（『仙台郷土誌研究』第五巻第九号、昭和十年）で、伊東満所説を否定し、支倉常長説を次のように述べている。

……（略）。『日本歴史図鑑』の諸説は伊東満所説を代表するものと見られるが、その理由とする処は、

(1)　支倉にしてはあまり年齢が若過ぎる事。

(2)　容貌が他の支倉の肖像画に似て居ない事。

(3)　この画の所蔵者たるボルゲーゼ家は伊東満所を優待した法王グレゴリオ十三世と密接な関係があったが、支倉とは何等の交渉を持たない事。

の三点に帰着する。若しもこの理由が正しければ、支倉説は成立しない事になる。以下逐條文を吟味して見る。

(1)　支倉は元和八年五十二歳で死んで居るから、元和元年の羅馬入りの時は四十五歳であった。これに対して伊東の羅馬入りは天正十三年であるから、彼が慶長十七年に四十三歳で病没した事から逆算すると、十五歳の時である。肖像画の人物は相当の年配の人であって、到底十五歳の少年と見る事は出来ない。むしろ四十五歳の支倉と見た方が妥当である。

(2)　伊東説者はこの肖像画は他に存する支倉の肖像画に似て居らぬと言ふが、一方支倉説者は似て居ると言ふて居る。従って之を決定的ならしめるためには、伊東満所の肖像とも比較して、孰れにより好く似て居るかが、吟味せられねばならぬ。伊東満所の肖像画の今日に伝はるものは、濱田博士によれば、ヴァティカン図書館の「シストの間」にある壁画とヴィンチェンツア市オリンピア劇場の壁画の二つで

ある。前者は、……後者は、……そこに表はされている日本使節は無髭であると認められるとの事である。この他にも……。是等の肖像画及び彼等の年齢から考へると、彼等が髭を蓄へて居たとは思はれない。然るに支倉の肖像画は伊達家にある油絵にしても、羅馬アンゼロ（アンジェリカ）図書館所蔵の木版画にしても皆髭を有して居る。ボルゲーゼ家の肖像画の人物も髭を有しているので、その容貌は伊東満所よりも寧ろ支倉に近いと認むべきものである。

(3)「ボルゲーゼ家」と支倉が関係ないとする説は全く事実に反するものであって、天正日本使節に関する記録には、ボルゲーゼなる名前は少しも見当らぬが、支倉の羅馬訪問に関する資料においては、カーデナル・ボルゲーゼなる人物が盛んに活動している。支倉の羅馬訪問に際し、……、法王に謁見した後は直ちにカーデナル・ボルゲーゼを訪問して敬意を表して居る。又支倉が羅馬滞在中はボルゲーゼ家の家臣が常に彼に随伴して居た。この様にボルゲーゼ家と支倉とは密接なる関係があったのに対し、同家と伊東との間には何等交渉が認められないのであるから、ボルゲーゼ家に伝った日本人の像とすればそれは、伊東のものであるよりは支倉のものである可能性が遥かに多い。

以上によって伊東説の論拠とする三つの理由が孰れも当たらざるもので、事実はむしろ支倉説を有力に裏書するものである事が明らかにされたと思ふ。加えて図中の人物が伊達家の紋章である九曜星を透彫りにした鍔を附けた太刀を帯びている事も、この人物を支倉とすることは断じて誤りなからうと思はれる。

以上のように、幸田、伊東の二人はあくまでも『日本歴史図鑑』に対する反論として、伊東満所ではなく「支倉常長」であると特定したのである。当時は史料不足などから幸田、伊東両氏は「日本人武士像」が、村上直次郎が指摘した小寺（池）外記であることを特定できず「支倉常長」説を強調したのである。

■論争決着のため「支倉常長」に変身させる

このように明治時代から大正、昭和初期にかけて長い間、「日本人武士像」の人物が誰であるかを巡って歴史学者の間で激しい論争が展開された。そのため、「日本人武士像」の所有者であるボルゲーゼ家の承諾を得て、日本の関係者が、この論争に決着をつけるために「日本人武士像」が支倉常長であるということを立証しようと決断したと考えられる。

そこで当時伊達家が所蔵していた「支倉半身肖像画」（原画）と共通する部分と支倉像として立証するために必要な部分を加筆・改作し、現在の「支倉常長立像」を完成させたと推測される。

「日本人武士像」の加筆・改作作業には、イタリア人画家だけではなく、当時、イタリアに留学していた日本人画家が何らかの形で関与したと考えられる。その根拠は、とくに、ガレオン船の舳先の「九曜紋」や支倉家の「逆さ万字と違い矢」の紋、当時伊達家が所有していた「支倉半身肖像画」の「原画」の支倉像と共通した部分（ブラウスの襟のレースの縁飾りの模様)、日本短刀の柄などは、日本人画家が関与しない限り加筆することは困難であったと思われる。日本人画家が直接的であれ、または、間接的であれ、加筆・改作作業に関与した動機は、ボルゲーゼ家で偶々「日本人武士像」の修復を行うということで依頼を受けたのか、日本の誰かから指示を受けてボルゲーゼ家から承諾を得て、加筆・改作を行ったのかは定かではない。

「日本人武士像」の加筆・改作作業を行った正確な時期を特定することは困難であるが、考えられることは、「支倉半身肖像画」が加筆・改作される前の「原画写真」のブラウスを摸写していることから、明治時代後期から大正時代初期頃ではないかと推測される。しかし、その他の指輪や日本短刀の柄などは「現存画」に合わせて加筆しているので符合しない。したがって、「支倉半身肖像画」が「現存画」に変身した明治後期から、一九三〇年(昭和五)にイタリアの著名な写真家アンデルソンが、「日本人武士像」の「現存画」の写真を撮影した年の昭和四年頃までの間に加筆・改作作業が行われたと推測できる。

ところで、ボルゲーゼ家にとって、「日本人武士像」を加筆・改作して「支倉常長像」に変えるメリットは何であったのであろうか。この疑問に対して考えられることは、すでに述べたように、明治時代から大正時代にかけて、日本において画像の人物が誰であるかについて激しい論争があった。元々無名の「日本人武士像」ということでボルゲーゼ家に所蔵されていたので、画像の人物が著名な人物であればあるほど、絵画そのものの価値も高くなるので、日本側との利害関係が合致し、支倉像に変えることに合意したのではないかと推察される。

■村上直次郎の「小寺（池）外記」説

村上直次郎は、その論文「キリシタン研究の回顧」（キリシタン文化研究会編『キリシタン研究第一集』、東京堂、一九四二年）で、

ボルゲーゼ公爵家に伝はっている日本人の油絵は、当時同家の陳列館には無く、観ることができなかったが、其写真版に就いて見て、ローマ市ラテランのサン・ジョバンニ聖堂でカルヂナル・ボルゲーゼが代父となって洗礼を授けられ、パオロ・カミルロと命名された小寺（池）外記（Coderayque Gheghi）の肖像であろうと思ふ。……受洗の際には教皇の命で前記の如くボルゲーゼ家と深い関係が生じたのであるから、教皇の生家でもある公爵家に其肖像が保存されているのは自然である。

と指摘して「小寺（池）外記」説を強調した。

このように村上直次郎氏が「日本人武士像」を直接検分せずに写真だけによって、「小寺（池）外記」であると推測できたのは、村上直次郎自らがローマやジェノヴァに長期間滞在し、支倉の容貌の特徴や「小寺（池）外記」に関する関係文書の採録調査、翻刻、翻訳作業を行って、それらを比較して総合的に判断した結果からであると推測される。

村上直次郎の「小寺（池）外記」説の主な論拠は、小寺（池）外記とボルゲーゼ枢機卿（家）とは、同枢機卿が小寺（池）外記の代父を務めた関係から極めて密接な関係があったことである。こうした理由から小寺（池）外記が肖像画に描かれても何ら不自然ではなく、むしろ当然なことと云えるのである。そのうえ、小寺（池）外記の出身地が陸奥国であったということで、問題の伊達藩の九曜紋を透彫りにした鍔を付けた太刀を帯びていても何ら不自然ではないのである。

2●「日本人武士像」の加筆・改作の謎
―ボルゲーゼ美術館で「原画」と「現存画」の違いを追跡―

筆者は一九九六年四月から七月まで日本大学海外派遣研究員としてローマ・イエズス会本部文書館やヴァティカン秘密文書館などにおいて「慶長遣欧使節関連資料」の採録調査を行った。その際、ローマ市内の公立図書館や美術館において、ボルゲーゼ家所蔵の加筆・改作される前の「日本人武士像」の原画写真の存在を調査した。その結果、残念ながら一枚も発見することはできなかった。そもそも、「日本人武士像」は、ボルゲーゼ家の個人所有ということで一般に公開されておらず、特別な許可を得ない限り第三者が写真撮影をすることすら許されていなかったのである。唯一、すでに述べた一九三〇年（昭和五）にイタリア人写真家アンデルソン（Anderson）が撮影した「現存画」の写真だけが一般に紹介されている。

ところで、筆者はローマ滞在中の同年五月中旬、「日本人武士像」が所蔵されているボルゲーゼ美術館に赴き、同美術館の学芸員（当時）で支倉肖像画に関する論文を『仙台市博物館調査研究報告』（第十三号、平成五年）に寄稿したことのある美術史の専門家クリスティーナ・ヘルマン・フィオーレ女史に直接面談し、「日本人武士像」の「原画写真」を見せて、「現存画」との違いについて単刀直入に質問した。その瞬間、驚いた表情を見せながら「……私には関係のないことですので、この絵画（「日本人武士像」）について何も話することはありません。」と、言って席を立ってしまった。突然の質問だったのでかなり驚いた様子であったが、何か詳しい事情を知っているような印象さえ受けたのである。ヘルマン女史は同美術館のベテラン学芸員として長い間「日本人武士像」に関する詳細な研究をしていることから、「現存画」が加筆・改作された画像であることに気付いているのではないかと思われる。しかし、同女史は加筆・改作について何か知っていても立場上何も説明できないのかもしれない。

こうした事情から、「日本人武士像」の修復作業に関する記録（時期、修復作業を行った画家の名前など）についても同女史から何も聞くことができなかったのである。

さらに、筆者は、二〇〇四年九月二〇日、「日本人武士像」の修復時期や明治二十一年に駐イタリア日本国公使の徳川篤敬伯爵が日本へ持ち帰った「大名肖像画」（日本武士像）（東京国立博物館蔵）の原画写真と現存画との違いなどについて意見を聞くため、八年振りに再びボルゲーゼ美術館へヘルマン・フィフォーレ館長を訪ねた。美術館は月曜日で休館日であったが、突然の訪問にもかかわらず快く会ってくださった。

筆者はまず、最初に「日本人武士像」の修復作業が行われた時期について尋ねたところ、「一六一六年に制作された後、約三百九十年間一度も修復されたことがない」と、過去に修復作業が行われたことをきっぱりと否定した。しかしながら、前にも繰り返し述べたように、明治時代後期から大正時代期に明らかに修復作業が行われた痕跡が残されているのである。この件に関して追求しても認める様子ではなかったので、敢えてそれ以上追求することを避けた。同肖像画の修復作業の事実を認めれば、同時に加筆・改作を認めることに繋がることを恐れたのではなかろうか。

次に、彫刻家大熊氏広が制作（一八八九年）した「日本武士像」の木口彫の木版画の向かって右端の窓枠に描かれている「女性像」が現存画では「フランシスコの像」に変貌している点について、木版画の写真と大熊氏広の観察記録を示して質問したが、説得力に欠ける曖昧な回答しか得ることができなかった。

最後に、現存画と徳川篤敬伯爵が日本へ持ち帰った「大名肖像画」（日本人武士像）の写真画像を比較して極端に違う部分（ブラウスの襟のレースの縁飾り、左手の薬指の指輪など）を示して意見を求めたが、言い訳としか受け止めることができない説明で暈《ぼか》されてしまった。さすがにヘルマン・フィフォーレ館長も初めて見た古い写真画像の出現に驚いていた様子で、無言で撮影年代などをメモしていた。

以上のように、ボルゲーゼ美術館側は、前回の時と同様に当該肖像画の加筆・改作を

ボルゲーゼ美術館クリスティーナ・H・フォーレ館長（右端）と筆者夫妻

正式に認めようとはしなかったのである。

第6節　誰を描いたものか

小寺（池）外記は、支倉常長の秘書官の身分で、一六一五年十一月十五日にローマの四大大聖堂の一つであるサン・ジョバンニ・イン・ラテラノ大聖堂のコンスタンティノ皇帝洗礼場において、ローマ在住の大勢の貴族および騎士、大司教、司教、そのほかの聖職者らが参列して、教皇の命によってボルゲーゼ枢機卿が代父を務めて受洗した。そして小寺（池）外記はローマ教皇パオロ五世のパオロ・カミルロとボルゲーゼ枢機卿のシピオーネの各々の霊名を授かって「パオロ・カミルロ・シピオーネ」と名付けられた。（小寺〈池〉外記の受洗記録簿はローマの教区歴史文書館〈A・S・V〉に保管されている）

こうして小寺（池）外記とボルゲーゼ枢機卿とは霊的姻戚関係者になったわけである。ちなみに、カトリック教の洗礼の代父（母）と代子との関係はとても深いものであり、両者間では結婚が禁じられているほどである。また相互の信仰を温め、励まし合い、またキリストの神秘における連帯感を強めるきわめて有益なものである。

小寺（池）外記の受洗式及び堅信式（キリスト者の信仰を堅め、それを強くあらわすために、聖霊とその恩恵を与える秘蹟である）の様子について、アマチの『遣使録』の第三十一章に「どのようにして大使の秘書官（小寺〈池〉外記）がサン・ジョバンニ（・イン・）ラテラノ大聖堂で受洗し、堅信の秘蹟を受けたか、又使節団の所業と栄誉について」と題して、次のように詳しく記されている。

支倉大使はボルゲーゼ枢機卿に、彼の秘書官（小寺〈池〉外記）が数ヶ月間公教要理をよく学び、（キリスト教を）信仰することを望んでいるので、もしお許し頂ければ洗礼の秘蹟を与えることを認めて欲しいのです。また、キリスト教徒であることにふさわしい儀式を行うため枢機卿の御列席を賜り度いと思います。

枢機卿はまずこの件をローマ教皇にお願いしたが、教皇はサント・ジョバンニ・ラテラノ大聖堂のコンスタンチノ皇帝の洗礼堂で、枢機卿副代理の司式で行うことを命じた。ボルゲーゼ枢機卿は（秘書官の）洗礼の代父となること、またレニ枢機卿が堅信の秘蹟を授けることを各々大変快く引き受けてくれました。

十一月十五日、月曜日朝、ローマ教皇の命によって秘書官（小寺〈池〉外記）に靴下、帽子、上着、カラー、靴、絹の飾り紐と一緒に白い繻子織の服、外套等を着用させ、また大使はコスタグゥト大司教に付き添われて、いつもの随員を連れてサン・ジョバンニ大聖堂に向かった。秘書官（小寺〈池〉外記）は洗礼堂で洗礼の秘蹟を受けるために必要な公教要理の知識と信仰を有していることを証明し、洗礼堂

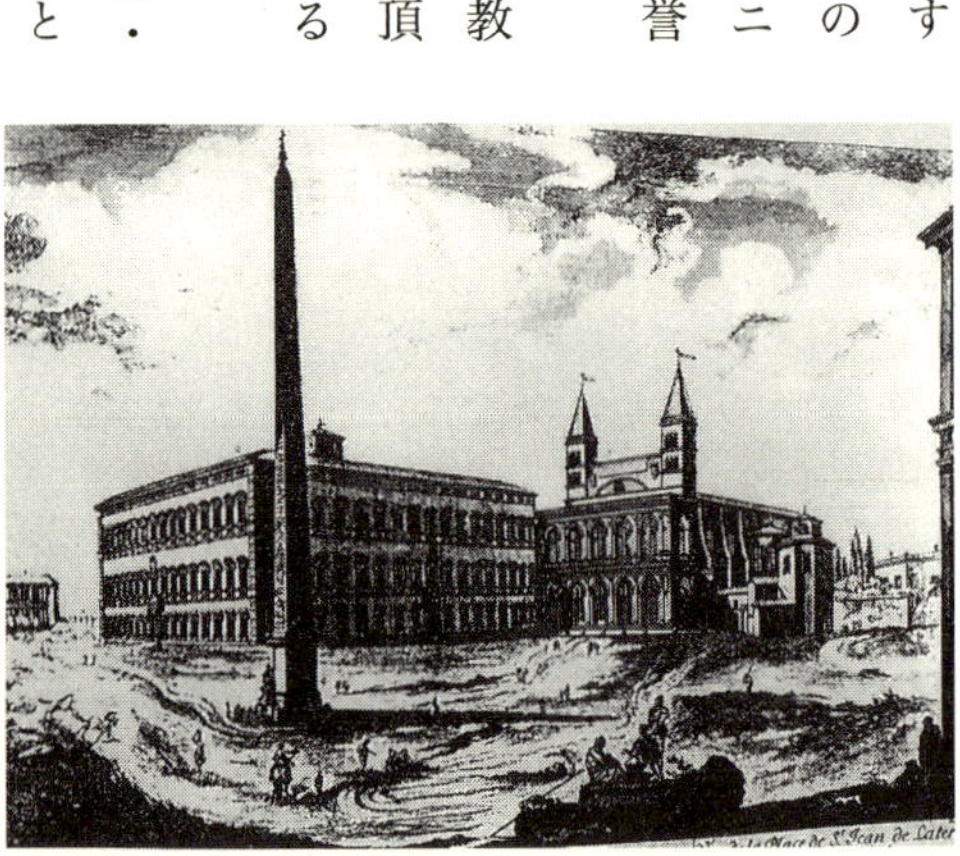

小寺（池）外記が受洗式と堅信式を行ったサン・ジョバンニ・イン・ラテラノ大聖堂（十七世紀当時）

に導かれ、受洗した。……（略）ボルゲーゼ枢機卿は彼の代父として同伴し、パオロ・カミルロの霊名を授けた。この荘厳な受洗式を終え洗礼堂に隣接している聖母マリアの聖堂に移動して、レニ枢機卿によって堅信聖油の秘蹟を授けられた。レニ枢機卿は子羊の形の美しい金の首飾りを首にかけていた。その日は教区長、大司教、司教、その他の聖職者、さらに大勢のローマの貴族及び騎士が参列した。……（略）

一方、小寺（池）外記の受洗式及び堅信式についてローマ教皇庁の史料には、次のように記録されている。

日曜日の午前聖ジョバンニ・ラテラノ大聖堂においてビック枢機卿の副責任者フェデリース司教の司式によって大使（支倉常長）の秘書官で気品のある（美男の）青年が受洗した。教皇の名においてボルゲーゼ枢機卿によって洗礼盤の前に連れて行かれた。そしてパオロ・カミルロの霊名を与えられた。その後彼の代父となったレニ枢機卿から堅信の秘蹟（聖油）を受けた。この（堅信）式でレニ枢機卿は彼（小寺〈池〉外記）にとても美しいダイヤモンドの十字架のついた金の首飾りをプレゼントした。式の終了後、彼（小寺〈池〉外記）はスペイン風の靴下に白い洋服を着用して現れた。（B.V. Urbin, lat., 1083, li 18 di 9bre 1615）

これら二つの記録からも分かるように、日本からの使節の身分の低い無名の一随行員であった小寺（池）外記の受洗式は、代父をローマ教皇パオロ五世の命によって教皇の

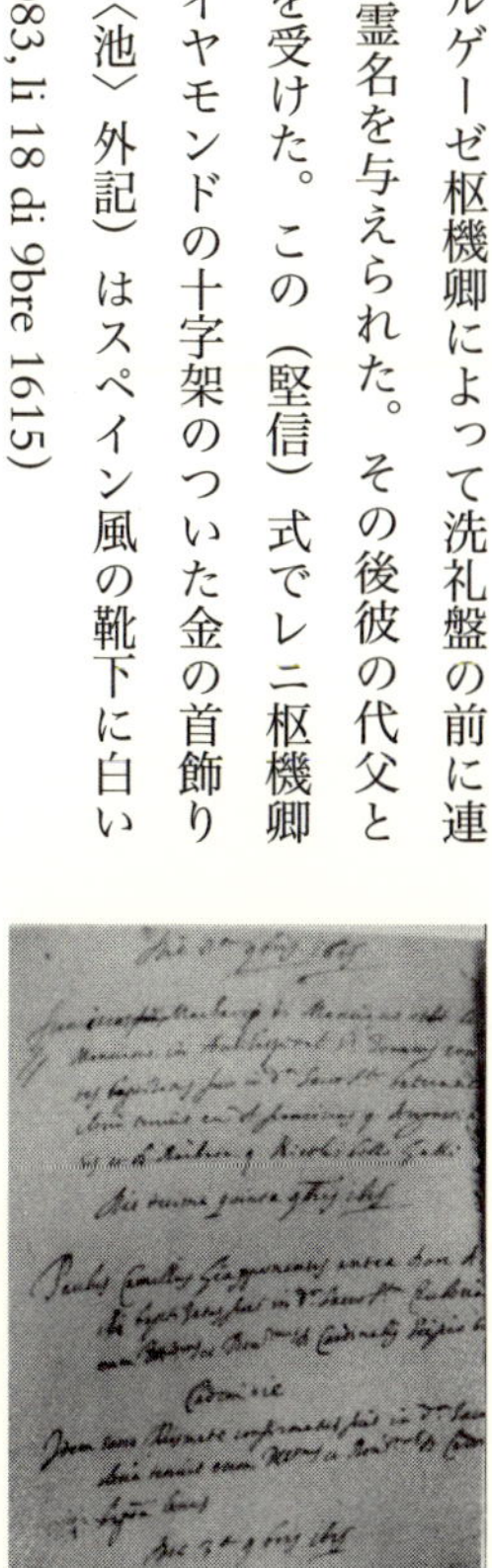

小寺外記の受洗記録（一六一五年十一月十五日）（ローマ・Archivio storico del Vicariato蔵）（筆者撮影）

甥にあたる有力枢機卿が務め、ローマの四大聖堂の一つであるサン・ジョバンニ・イン・ラテラノ大聖堂の「コンスタンティノ皇帝の洗礼堂」において、貴族、騎士、大司教、司教などローマ在住の有力者が大勢参列して盛大に行われた。しかも同時に行われた堅信式の司式を別の有力枢機卿が行うということは極めて異例のことであった。おそらく、ローマ教皇庁の歴史上例のない特記すべき出来事であったはずである。

いずれにせよ、小寺（池）外記の受洗式と堅信式が支倉常長の堅信式とは比較にならぬほど盛大に行われた背景には、ローマ教皇が小寺（池）外記の受洗式と堅信式をとおしてカトリック教の威光が遥か遠くの東洋の日本にも及んでいることをローマ市民だけでなく全世界に示すとともに、プロテスタントに対抗しようとした意図があり、彼がそのイメージ戦略の重要な役割を果たしたのである。ちなみに、教皇パオロ五世の日記第二十二巻（Diariorum Pontificatus Papae Pauli V. Tomus XXII）によると、支倉常長自身の堅信式は、一六一五年十二月二十四日に、宿泊先のフランシスコ会修道院に隣接しているサンタ・マリア・イン・アラチェーリ教会でビカリジ・S・D・N枢機卿の代理でコロニエンの司教チェザル・フィデリスの司式によって行われたと、簡単に記録されている。

小寺（池）外記は、十一月二十日に支倉常長らと一緒にローマ市庁から「ローマ市民権証書」を授与されており、支倉と同等の扱いを受けている。

したがって、小寺（池）外記とボルゲーゼ枢機卿は、前にも述べたように、霊的姻戚関係にあり、支倉常長との関係よりもはるかに密接な関係があったことが判る。こうした観点から小寺（池）外記が肖像画に描かれても何ら不自然ではなく、むしろ当然なことといえる。

ところで、「日本人武士像の原画写真」の人物の容貌は、支倉常長の当時の年齢の四十代後半よりずっと若くて、目鼻が整った美男な青年であった。つまり、すでに述べた海外の史料に記録されている支倉の容貌の特徴と全く異なるのである。

使節一行の中に他の日本人とは異なる容貌の随行員（小寺〈池〉外記と思われる人物）が一人含まれていたことは、すでに述べたヴァチカン図書館にある史料やヴァチカン秘密文書館の記録にも書き残されている。

このようにほかの日本人より際立った容貌の小寺（池）外記はボルゲーゼ枢機卿との密接な関係も含めて肖像画のモデルになる条件をすべて備えていたのである。

なお、小寺（池）外記が着用している和服は、アマチの『遣使録』に記録されている支倉常長が「ローマ入市式」の際に着用したものである。おそらく、支倉は入市式後、記念としてボルゲーゼ枢機卿に寄贈したのであろう。それをモデルになった小寺（池）外記が着用して絵画に描かれたとしても不自然ではない。ちなみに、アマチの『遣使録』に、「地質最も華美にして、絹及び金銀を以って、白地に花、鳥獣類を繍出せり、……」と記されている。

また、大熊氏広の観察記録に、「……、現ニ実物を写シタルモノナレ、……」と、記されているように、「日本人武士像」の顔面や和服の模様等の描法を見ると、制作者のアルキータ・リッチが直接小寺（池）外記をモデルにしてかなりの時間をかけて写生したことが窺える。ということは、小寺（池）外記は支倉ら使節一行とは行動を共にせずローマに残留したと考えられる。

第7節　秘書官小寺（池）外記と支倉

小寺（池）外記の詳しい経歴や人物像については史料が発見されていないので分からないが、彼は支倉常長の身の回りの世話をしていた秘書官であったということから、支倉からかなり信頼されていた人物であったと考えられる。

小寺（池）外記の出身地について陸奥国であったという以外詳しいことは知られていない。彼は、支倉と同じ伊達藩出身の下級武士であったか、或いは支倉常長の知行地であった胆沢地方伊沢之内小山村（現在の岩手県胆沢郡胆沢町）または神郡一関村（宮城県加美色麻町）《支倉氏系譜（支倉文書）》出身の庶民（以前から百姓であったか、あるいは戦いに敗れて帰農した品替え百姓など）であったことが考えられる。とくに、胆沢地方は、支倉の盟友であった伊達政宗の家臣で福原領主のキリシタン後藤寿庵の本拠地であり、奥州では初めて仙台と共に天主堂が建てられたキリシタン布教の根拠地であった。こうした環境下で育った小寺（池）外記は、キリシタンや海外に関心を持ち支倉使節一行に加わり支倉の身の回りの世話をするようになったと推測される。なお、当時の管内（胆沢郡、江刺郡）の検地帳の人頭名や南部利直黒印百姓高書上条には、「外記」の名前（高橋外記、佐藤外記など）が多く見られることも有力な手掛かりとなる。

第8節　支倉肖像画の加筆・改作疑惑に対する反論

以上、本書で紹介した筆者の仙台市博物館蔵の「支倉半身肖像画」（図1）およびローマ・カヴァッツア伯所蔵の「日本人武士像」（図2）の加筆・改作疑惑に対して、仙台市博物館や地元東北大学の研究者筋から猛烈な反論がある。その主な内容は、まず筆者が発見した支倉常長像の「古写真」について、「何らかの理由で作製された模写画ないしは修正画である」という指摘である。要するに「古写真」の支倉常長肖像画は、仙台市博物館所蔵の「現存画」の模写画ないし修正画であるという言い分である。しかし「支倉半身肖像画」の「現存画」にみられる非常に発達した眉毛の上の筋肉、強い線で描かれた顎など極めて意志の強固そうな人物を、いかなる理由があろうとも、まったくイメージが異なる心身ともに疲労困憊した痩せた姿に模写ないし修正はしないということが私たちの共通した認識である。つまり、美しい文字を手本にして、わざわざ汚く模写ないし修正はしないのと同じように、見合い写真の撮影で頭が禿げてなく美男に撮れている写真を、わざわざ頭の禿げた醜男に修正したりはしないのである。したがって、「古写真」が「現存画」の模写画ないし修正画であるという仙台市博物館や東北大学の研究者筋の指摘には説得力が欠けているように思える。

いずれにせよ、『支倉六右衛門常長齎歸品寶物寫眞』および『伊達政宗欧南遣使考全書』に紹介されている支倉の肖像画は平井希昌が『欧南遣使考（伊達政宗）』（明治九年刊）に書き残している観察記録の内容（「第一品支倉ノ肖像ハ、………略服ハ黒色狹袖ノモノヲ穿チ、襟袖白紋ノ飾リアリ、鮫皮鋏短刀ヲ佩ヒ、……」等）と符合し、同書の巻末に張り付けてある模写画の写真と同一であるということは筆者が発表した「支倉半身肖像画」の写真が「古写真」であることを裏付けているのである。

この模写画には前にも述べたような「現存画」にみられる不自然さは何もなく「古写真」の画像をそのまま忠実に模写しているのである。

次に仙台市博物館は、「日本人武士像」が明治二十一年七月の東京日日新聞紙上で常長であると特定されている旨説明している。しかしながら、既に詳述したように、当時はまだこの「日本武士像」に関する研究はまったく行われておらず、福地源一郎の主観的な観察だけで独断的に支倉常長の肖像画であると紹介したのである。ちなみに、前に

「支倉半身肖像画」の古写真（図4）「現存画」に加筆・改作される前の画像写真

画像の中央部に剥落部をいれる前の加筆・改作された「支倉半身肖像画」（東京美術学校蔵）

「支倉半身肖像画」の「現存画の顔の部分」（図1）

「支倉半身肖像画」（古写真）と「日本人武士像」（原画）を比べると、両画像にはまったく共通点が見当たらない

「日本人武士像」の原画写真（図12、13、14）の顔の部分（「現存画」に改作される前の画像写真

カヴァッツァ伯所蔵の「日本人武士像」の「現存画」（図2）の顔の部分

図15 「支倉六右衛門画像」（伊達伯爵家所蔵）（『伊達政宗卿の南蛮遣使と使節支倉六右衛門』財団法人藩祖伊達政宗公顕彰会、昭和十三年六月）

も述べたが、福地と同時期に「日本武士像」を直接検分し、精緻な観察記録を残しているわが国の近代彫刻の先駆者大熊氏広は、画像の人物が誰であるか特定できず何も言及していないのである。

一方、仙台市博物館筋は、拙著『慶長遣欧使節の研究』（文眞堂、一九九四年）および本書で紹介した筆者の「日本人武士像」（通称、支倉常長像）に関する伊東信雄、幸田成友両氏の説に対する異論は、両氏に対して非礼なことで、名誉を傷つけるにも等しいと言っている。しかしながら、新しい史実の発掘によって、真実が明らかになれば旧説を訂正するのは当然のことであり、決して非礼とか、名誉を傷つけることにはならないはずである。仙台市博物館筋が伊東、幸田両氏の業績を称えることは自由であるが、両氏の言い分がすべて歴史的事実に合致しているとは限らないのである。

このようにわが国には先人学者の権威を頑《かたく》なに守ろうとする伝統的な思考がある。また、研究者の主情的な独断や偏見によって一度発表された事柄が後に間違いであったことが判明してもほとんど訂正されることはなく、間違ったまま定着してしまうことが多いのである。もちろん、広く、先人の開拓した研究成果に接し、踏襲や享受をすることは、学問的に正統な、そして誠実な態度である。しかしながら、それらは絶対不可侵なものではなく、むしろその後の新資料の発掘など研究の進展によって新事実が判明し、事実の誤認や訂正すべき事項が判明した場合には速やかに改められるべきである。研究者には誤りを誤りと認められる謙虚な姿勢が何よりも求められるのである。

付録

支倉常長半身肖像画の歴史的経緯

明治十二(一八七九)　七月十六日に大隈重信（大蔵卿）と香港太守ヘンチッシーが北海道訪問の帰路仙台に立ち寄った際、他の将来品と共に「支倉の半身肖像画」を観覧している。

明治十三(一八八〇)　八月に宮城県博覧会が開催され、県勧業課が「支倉常長油絵」一個と付属品を出品した（「宮城県博覧会出品目録」）。

明治十四(一八八一)　八月二十三日付け「東北毎日」および同年八月五日付け「宮城日報」によると、明治十四年八月に明治天皇が再び仙台を訪れた際に、当時山崎平五郎氏が所蔵していた羅馬法王（教皇）の像（パオロ五世肖像画）などが天覧されたが、支倉の肖像画が陳列されたかどうかは不明である。

明治二十二(一八八九)　七月二十九日、宮城県庁から伊達家に支倉半身肖像画など関係資料が還付下げ渡された。

明治二十七(一八九四)　大槻文彦を中心とした岩渕康、飯川勤、鈴木省三、西山満二郎ら「支倉六右衛門の墓探索」有志者は、二月十八日に仙台の光明寺で支倉常長の墓を発見した。この支倉の墓を発見したことを記念して同年四月一日に法事が営まれ、同年六月二十九日には、宮城県会議事堂において、有志会のメンバーが主催して支倉常長の肖像画など将来品を伊達家から借用して陳列し、大槻文彦が支倉の事蹟について演説している。

明治三十五(一九〇二)　支倉の肖像画は伊達家から東京帝室博物館に移されて写真撮影（写真厚板目録四ッ切板、二七×

十八・五センチ）が行われているが、このガラス版は現在東京国立博物館に保存されている。

明治四十一（一九〇八）皇太子が仙台に行啓し、十月八日伊達家の一本杉邸を訪問し、伊達家に所蔵されていた支倉肖像画などの将来品を観覧した。

明治四十二（一九〇九）三月、東京帝国大学文科大学史料編纂掛から村上直次郎教授による『大日本史料』第十二之十二が刊行され、初めて支倉常長の現存画の肖像写真が掲載された。

大正　九（一九二〇）八月八日、支倉常長帰朝三百年祭を記念してローマ教皇庁特使フマソニー・ピオンジ大司教を迎えて仙台市北山の光明寺において記念祭を催した。その時祭壇正面に支倉常長の半身肖像画を安置した。

大正十三（一九二四）二月十一日、支倉常長に正五位が贈られる。

昭和　三（一九二八）四月十五日から五十日間仙台商工会議所主催東北産業博覧会開催と並行して東北遺物展覧会（総裁・伊達興宗伯爵）が県図書館及び商品陳列所で開催された。その時に支倉半身肖像画とその他の将来品が展示され、博覧会開催を記念して慶長遣欧使節関係の絵葉書が十八枚ワンセットで一般に販売された。

昭和　十（一九三五）五月二十日から同月二十六日まで藩祖政宗公三百年祭が挙行され、支倉半身肖像画とその他の将来品が展示された。

昭和十五（一九四〇）五月五日から六月四日まで藩祖政宗公顕彰会斎藤報恩会共同主催で伊達家蔵品展覧会が開催され、支倉半身肖像画及びその他の将来品が展示された。

昭和二十二（一九四七）　七月一日、「支倉六右衛門常長」三百三十年祭が仙台市北山の供養所光明寺境内で挙行された。

昭和三十九（一九六四）　支倉半身肖像画は他の将来品と共に伊達家より仙台市博物館へ寄贈され、同博物館に保管されることとなった。

昭和三十九（一九六四）　四月、「伊達政宗遣欧使節・支倉六右衛門常長・出帆三百五十年記念特別展」が仙台市博物館で開催された。

昭和四十一（一九六六）　六月十一日付けで支倉半身肖像画など「慶長遣欧使節関係資料」として二十四件が一括して国指定の重要文化財に指定された。

昭和四十三（一九六八）　支倉の半身肖像画は東京芸術大学の寺田春弌助教授によって修復作業が行われた。

平成　元（一九八九）　仙台市制百年・特別展「ローマの支倉常長と南蛮文化」が、ヴァティカンおよびボルゲーゼ両美術館、セビィリャ市などの協力を得て仙台市博物館で開催された。

平成　七（一九九五）　特別展「世界と日本―天正・慶長の使節―」が仙台市博物館で開催された。

平成十三（二〇〇一）　六月、文部科学省は日欧交渉史およびキリシタン史研究資料として重要であるという理由で支倉の半身肖像画を、他の慶長遣欧使節関係の品々と共に国宝に指定している。

ローマ・ボルゲーゼ家所蔵「日本人武士像」の歴史的経緯

明治二十一（一八八八）　同二十二年までローマ美術学校へ留学した大熊氏広《うじひろ》が、徳川篤敬《あつよし》駐伊太利日本公使の紹介でボルゲーゼ公爵所蔵の「日本人武士像」を直接検分する機会を得て、明治二十二年にそれを木口彫《こぐちぼり》の木版画（図**10**）にして日本へ持ち帰ったのである。

明治二十一（一八八八）　江戸期最後の水戸藩主・慶篤の長男で明治十六年、家督を相続した徳川篤敬（一八五五～一八九八年、明治政府の駐イタリア特命全権公使として、明治二十年七月九日から同二十四年四月十三日までローマに駐在、式部次長などを歴任）が木製額縁入りの「大名の肖像画」（日本人武士像）の写真（鶏卵紙、二二・七×十六・二（三四・三×二十七・二））（図**12**）を帝国博物館に寄贈した。

明治二十六（一八九三）　渡辺修二郎著『世界ニ於ケル日本人』の「羅馬ノ文庫ニ蔵スル日本人画像」の中で、わが国で初めて「日本人武士像」に関する大熊氏広の精緻な観察記録が紹介された。

明治三十年代～後半　イタリアにおいて慶長遣欧使節関係の史料の採録調査を行った東京帝国大学村上直次郎教授や京都帝国大学幸田成友教授は、昭和に入って「日本人武士像」について論争があった際、夫々の立場で論述しているが、両者とも現地で「日本人武士像」を直接検分はしていない。

明治四十（一九〇七）　農商務実業講習生としてエッチングを学ぶためローマへ留学し、大正五年に帰国した東京美術学校出身の洋画家寺崎武男（明治十六年〈一八八三〉～昭和四十二年〈一九六七〉）が、後に幸田成友著『和蘭夜話』に紹介された「日本人武士像」の写真（図**13**）を持ち帰った。

大正十一（一九二二）　十月〜約一年間、文部省の在外研究生としてイタリアに滞在した東北帝国大学教授大類伸が日本へ持ち帰り、昭和一〇年発行の『伊達政宗卿南蛮遣使』に紹介した「日本人武士像」の写真（図**14**）がある。これらの写真の紹介はいずれも「支倉六右衛門・常長」と記されている。

昭和　五（一九三〇）　イタリア人写真家アンデルソンが「支倉常長立像」（日本人武士像）を写真撮影し、イタリア国内で広く知られるようになった。

昭和三十九（一九六四）　三月、ローマ出帆三百五十年祭の記念行事として仙台市博物館で行われた「支倉特別展」に際しイタリア政府から仙台市にカラーの支倉常長の立像画「日本武士像」が贈られた。

昭和四十七（一九七二）　高田力蔵画伯は、当時ローマ市在住の写真家岡村雀に依頼して「日本武士像」の細部の写真を撮ってもらい、それらを参考にして模写画（麻布油彩縦一四五・〇、横一〇一・〇）（仙台市博物館蔵）を完成させた。

昭和四十八（一九七三）　一月、支倉常長の生誕四百年を記念してローマ・ボルゲーゼ家所蔵の支倉六右衛門油絵肖像画の摸写作品を制作、その完成を祝って「支倉六右衛門の特別展」を、仙台市博物館で開催した。

参考文献一覧

1 大泉光一「〈支倉六右衛門〉肖像画の信憑性について」『支倉六右衛門常長―慶長遣欧使節を巡る学際的研究―』文眞堂、一九九九年、二一五～三〇四頁。
2 大泉光一『支倉常長―慶長遣欧使節の悲劇―』（中公新書）中央公論新社、一九九九年。
3 大泉光一「支倉とソテロに託したスペインとの軍事同盟」歴史群像シリーズ『風雲・伊達政宗』所収、学習研究社、二〇〇一年、一六四～一六九頁。
4 大泉光一『慶長遣欧使節の研究―支倉六右衛門使節一行を巡る若干の問題について―』文眞堂、一九九四年。
5 大泉光一「支倉常長・訪欧の真実」『歴史街道』、一九九四年八月、九四～九八頁。
6 大内大圓、伊勢斎助編輯『支倉六右衛門常長齎歸品寶物寫眞』仙台通町光明寺施行、一九二八（昭和三）年。
7 伊勢斎助編輯『伊達政宗歐南遣使考全書』裳華房発行、一九二八（昭和三）年。
8 平井希昌『（伊達政宗）欧南遣使考』博聞社、一八七六（明治九）年。
9 渡辺修二郎『世界ニ於ケル日本人』經濟雜誌社、一八九三（明治二十六）年。
10 大槻文彦『金城秘韞補遺』、一九〇一（明治三十四）年。
11 關直彦「支倉六右衛門の肖像の事―羅馬に日本の故事を知る―」東京日日新聞、一八八八（明治二十一）年七月十日、十一日付。
12 慶長遣欧使節船協会編『よみがえった慶長使節船』河北新報社、平成五年、五四～五五頁。
13 幸田成友『和蘭夜話』同友館、一九三一（昭和六）年、二三六～二三七頁。
14 伊東信雄「羅馬ボルゲーゼ家所蔵の支倉常長肖像に就いて」『仙台郷土研究』第五巻第九号、仙台郷土研究会、一九三五（昭和十）年、十三（三〇一）～十五（三〇三）頁。

15　村上直次郎「キリシタン研究の回顧」キリシタン文化研究会編『キリシタン研究』第一集、東京堂、一九四二（昭和十七）年、八頁。
16　濱田直嗣「支倉六右衛門遺物と写真―明治時代前期の動向を中心に―」『仙台市博物館調査研究報告』第十五号、平成六年度、仙台市博物館、平成七年三月、八頁。
17　大槻玄澤遺稿、大槻文彦補綴「金城秘韞（仙臺黄門遣羅馬使記事）」『文』第四巻第一号、第二号、第六号、金港堂、一八九〇（明治二十三）年一月、二月、六月、二八頁。
18　『ローマの支倉常長と南蛮文化―日欧の交流・十六～十七世紀―』仙台市博物館、一九八九（平成元）年、一〇一頁。
19　『重要文化財「慶長遣欧使節関係資料の一部」の保存処置について』仙台市博物館、一九六九（昭和四十四）年三月、十二～二十一頁。
20　田中英道「ローマ、ボルゲーゼ宮「支倉常長」像の作者について」『仙台市博物館調査研究報告』第八号、昭和六十二年度、仙台市博物館、昭和六十三年、一～二〇頁。
21　田中英道『支倉六右衛門と西欧使節』丸善ライブラリー、一九九三（平成六）年。
22　田中英道「日本をほめようだって？」『正論』一九九九年六月号、産経新聞社。
23　支倉常長顕彰会『支倉常長伝』宝文堂、一九七五（昭和五十）年。
24　「大熊氏広・人と作品―近代彫刻の先駆者―」鳩ヶ谷市立郷土資料館、平成七年十月。
25　大橋知美「キリシタン時代における日欧交渉史の研究―歴史歪曲の宗教的土壌と伝統的歴史観の再考―」『大学院論集』第十一号、日本大学大学院国際関係研究科、平成十三年、二一五―二三五頁
26　田中英道「クロード・ドゥルエによる支倉像」『日仏美術考古学会紀要』八号、一九八八年。
27　田中英道「クロード・ドゥルエによる侍、支倉常長像」『ロレーヌ地方』三号、一九八九年、一六〇～六頁。
28　小田康徳「歴史学研究と真理の不探究」『世界思想』第二十九号、二〇〇二年春、九～十二頁。
29　五野井隆史『支倉常長』吉川弘文館、二〇〇三年、二五四頁。

30 多木浩二『天皇の肖像』岩波現代文庫学術七六、岩波書店、二〇〇二年一月。
31 ドナルド・キーン『明治天皇を語る』新潮新書、二〇〇三年。
32 「明治天皇とその時代」『正論』十二月臨時増刊号、産経新聞社、二〇〇三年十二月。
33 『明治天皇―幕末明治激動の群像―』別冊歴史読本、新人物往来社、二〇〇二年五月。
34 宮島新一『肖像画の視線』吉川弘文館、一九九六年、二〇七〜二〇九頁。
35 鶴見俊輔『日本の百年 3 強国をめざして』筑摩書房、一九七八年、六三頁。
36 クリスティーナ・ヘルマン・フィオーレ「東洋におけるキリスト教福音伝道の歴史的証言―クィリナーレ宮殿の〈王の間(サーラ・レッジア)〉の肖像画について―」『仙台市博物館調査研究報告』第十三号所収、平成四年度、仙台市博物館、平成五年、一〜十五頁。
37 大泉光一『メキシコの大地に消えた侍たち―伊達藩士・福地蔵人とその一族の盛衰―』新人物往来社、二〇〇四年。
38 『大日本史料』第十二編之十二 東京帝国大学文科大学史料編纂掛、明治四十二年三月。
39 高倉淳「支倉常長持参の品」『仙台郷土研究』復刊第十五巻第二号、通巻二四一、平成三年二月十五日、一〜二頁。
40 ファン・ヒル『イダルゴとサムライ―十六・十七世紀のイスパニアと日本―』平山篤子訳、法政大学出版局、二〇〇〇年二月。
41 山折哲雄「支倉常長の悲劇」『VOICE』二〇〇〇年十一月号、二三〇〜二三五頁。
42 高橋邦太郎『日仏の交流―友好三百八十年―』三修社、一九八二年、二四六〜二六二頁。
43 アルフレッド・タン、佐藤直助訳「教皇ポーロ五世に使した最初の日本使節の仏蘭西滞在(一六一五年十一月)」『仙台郷土研究』第十巻第七号、昭和十五年七月、一〜六頁。
44 五野井隆史『日本キリスト教史』吉川弘文堂、一九九〇年、十一頁。
45 五野井隆史『日本キリシタン史の研究』吉川弘文堂、二〇〇二年、三二四〜三二八頁。
46 トマス・オイテンブルク『十六〜十七世紀の日本におけるフランシスコ会士たち』石井健吾訳、中央出版社、一九八〇年。

47 平井希昌編纂（仙台書林・静雲堂発行）『口語訳・欧南遣使考』江間印刷（株）、平成三年。

48 小倉博『仙台』えんじゅ書房、大正十三年。

49 伊達宗弘「伊達支藩の成立と動向」『独眼竜政宗と伊達一族』所収、新人物往来社、平成十四年、一五六頁。

50 田中彰『明治維新』講談社学術文庫一五八四、平成十五年。

51 Hidemichi Tanaka, "Le Portrait de Hasekura par Claude Deruet" *Bulletin de la Societe Franco - Japonaise d'Arte Et d'Archeologie*, 1988, No.8, pp.13-20.

52 T.Pugliatti, Agostino Tassi tra *conformismo e liberta*, Roma 1977.

53 F.G.Pariset,《Les debuts de Claude Deruet》in *Bulletinde la Societe de 1'Histoire de L'Art francais*, 1947~1948, p.116.

54 F. Noack,《Kunstpflege und Kunstbesitz der Familie Borghese》, in *Repertorium fur Kunstwissenschaft*, 50, 1929, PP.191-230.

55 Emma Amadei, "Ricordo di una Ambasceria Giapponese nella Basilica Romana Dis. Maria Maggiore",《*Strenna dei Romanisti*》, Natale di Roma MMDCCVI, 21, Aprile 1953. PP.200-203.

56 Gli Antevivi, "Nicolo Balducci, -Scrittore Ascetico, Musicista e Poeta-", *Revista Romana*《*L'Urbe*》, Maggio-Agosto, 1984, pp.110-121.

57 Fabrizio Apollonj Ghetti, "Il mio concittadino Hasekura" *Strenna dei Romanisti Natale di Roma*, MMDCCXLIV, Editrice, Roma Amor 21 Aprile 1991, pp.17-33.

58 Lorenzo Perez, "*Apostolado y Martirio del Beato Luis Sotelo en Japon*" Madrid, 1924.（『ベアト・ルイス・ソテーロ伝』野間一正訳、東海大学出版会、一九六八年）

59 Scipione Amati, "*Historia del Regno di Voxv del Giappone, dell'Antichita, Nobilita, e Valore del Svo Re Idate Masamune, Dedicata alla Santa di N. S. Papa Paolo V,*"Roma.MDCXV.

60 Schleier, Erich, Les projects de Lanfranc pour le décor de la Sala Regia au Quirinal et pour la loge des Benedictions a saint-

pierre "*Revue de L'Art No.7. Flammarion*" 1970.

61 Robeato Longhi, presenze alla Sala Regia, *paragone 117, Sansoni Editore, Firenze,* 1959, septtembre, pp.29-38. Parogone Arte Vol.IX 109-119, 1959.

62 Teresa Pugliatti "*Agostino Tassi*" tra conformismo elibeta, Roma, 1977.

63 H. Fiore, Testimonianze Storiche Sull'Evangellizazione dell'Oriente attraverso i ritratti nella sala Rogia del Quirinale Da Sendai a Roma, Un'Ambasceria Giapponese a Paolo V, Roma 1990.

64 Reatione della Saleme entrata fatta in Roma, Da D. Filippo Francesco Faxicura, con il reverendiss, Padre Fra Lvingi Sotelo defcalzo dell'Ordine Min. Offer. Ambasciadori per Idate Mafamune Re di Voxa nel Giapone.Alla Santita di N. S. Papa Paolo V. l'Anno XI,délfuo Ponteficto. In Roma, Appreffo Giacomo Mafcardi. MDCXV.

65 Fol. 251R. -251V.- 252R. (2 pages et demie) "Relation du Sr.de St. Troppez / Du Passage de l'Ambassadeur dlu Japon / Par le lieu de St. Troppez, au commenceñt d'Octobre, / 1615 /"

66 Fol. 252R - 252V. (une page et demie) "*Lettre du St. Sr. Fabre, dudt lieu de St. Troppez Sur le mesme Saject. /*"

67 Fol. 252R - 253V. (une page et demie) "Relation de madame / de St. Troppez / Sur le mesme Suject.

68 253V. (une demie page) "Relation / de Mr. Bignon / reuenant de / Rome en ce / mesme temps /"

69 José Koichi Oizumi Akasaka, "*Intercambis Comercial y diplomatic entre el Japón y México en el siglo XVII*" Editorial Letras, S. A. México, 1971.

70 Scipione Amati, "*Historia Del Regno Di Vaxa Del Giapone, Pell' Antichita, Nobilita Evalore Del Svo Re Idate Masamune, Dedicate alla Santa di N. S. Sapa Paolo V.*" Roma, MDCXV 1615.

71 松田毅一『慶長遣欧使節—徳川家康と南蛮人—』朝文社、一九九二年。

あとがき

本書第一部で述べたように、伊達政宗が壮大な夢を描いてメキシコおよびヨーロッパへ派遣した「慶長遣欧使節団」一行の約七年間に及ぶ苦悩に満ちた長旅は、現代人には想像もつかないほど過酷なものであった。しかしながら、支倉は苦しくとも途中で任務を放棄して逃亡することはなかった。当時、途中で逃げ出すことは主君と家族を裏切ることであった。それどころか彼は、スペイン政府に厄介者として扱われ、国外追放までされたが怯むことなく、最後まで病と闘いながら命をかけて主君から与えられた任務を果たそうと懸命に努力したのである。結局、時代の激変に流されて支倉は何も目的を果たすことができず、やっとの思いで日本に戻って来たのである。しかし旅の疲れと病気のせいでその容貌は、別人のように変貌し、頭髪は薄くなり、やせ細っていた。支倉は七年振りに帰国したものの、旅の途中でキリシタンに改宗していたため、彼を派遣した伊達政宗は長旅の苦労を労ったものの、公に歓迎することはできなかった。それにしても伊達政宗に翻弄された支倉常長はあまりにも惨めで可哀相であった。

それに何よりも残念なことは、キリシタン禁教令に反するという理由から、支倉ら使節一行がヨーロッパで見聞したことや自ら体験したことが、公式には伊達藩や日本の発展のために何も反映されなかったことである。それどころか政宗は幕府に気遣って真実をすべて闇に葬ってしまったのである。

ところで、筆者がメキシコの学舎で「慶長遣欧使節」の研究を始めてから四十年以上になるが、ライフワークとして長年研究を続けられたのは、妻の陽子の理解と協力があったからである。彼女は海外における文書の採録調査には必ず筆者に同行し、助手として各国の文書館にある解読することすら困難な夥しい数の目録(カタログ)や無数の索引カードで特定の原典史料を見つけ出す作業を手伝ってくれた。そのお陰で思い掛けない貴重な原典史料を数多く発見することができた。

いずれにせよ、海外の文書館に所蔵されている夥しい分量の原典史料から特定の文書を探し出す作業は並大抵ではできない。何度も挫折感を味わった経験がある。そんなときに何よりも励みになったのが、筆者の親戚である大泉孝神父(元上智大学学長)とシスター・大泉クララ(春)(元東京純心女子短期大学〈現東京純心女子大学〉初代学長)から贈られた「励ましの色紙」である。まず、大泉神父から贈られた言葉は、

人生は晴天の日ばかりではない。雨の日があり、風の日があり、暴風雨の日さえ

ある。時折は暗雲に心が閉ざされて、行く手さえもわからなくなることがある。しかし、こんな時希望を失ってはならない。わかりきったことだが、曇天の彼方にはいつも輝く太陽のあることを思い出すべきである。この輝く太陽もさることながら、この背後に永遠の光であり、愛である超自然的な存在者を認め得るならば、その人生の行く手はより明るくなるであろう。「万物流転すると雖も、愛は永遠におちず」といわれているが、その愛に永久に生きる道が開かれるからである。

この短文の中で大泉神父が言わんとしていることは、人生というのは幸せだけでなく、苦難もある。そしていつも明るい希望を持って生きることである。さらに万物は流動変化して変転きわまりないが、「愛」は永遠に変わらないということである。

また、シスター・クララから贈られた言葉は、「なみだのうちに種まくひとは、よろこびとともにかり取らん」である。筆者はこの言葉通り、長年、苦労しながらこつこつと研究を積み重ねた。その結果、自分なりに十分満足できる研究成果をあげることができたのである。

さて、長年、慶長遣欧使節の研究に従事してきて筆者が最も気がかりだったのは、これまでの研究成果の学術的な評価である。一九九三年九月初めに学位請求論文の下書きを完成させてわが国の南蛮学（キリシタン史）研究の第一人者、京都外国語大学大学院教授松田毅一博士に報告する機会を得て、厳しい講評を覚悟していた。ところが、松田先生から同月二〇日付けで、次のような返信を拝受した。

……このたびのご報告に接し、漸く貴殿の論文が、内外の斯界における最高水準のものであり、そのご功績が顕著であることを認め、哀心より慶賀申し上げます。

村上直次郎博士（松田博士の恩師で元東京大学教授及び上智大学学長）は、よく小生に、「自分は皆が読めないので、ヨーロッパにある資料を翻訳しただけであって、そこに記されていることをすべて史実と認めているわけではない。その真実を究めるのは、君たちに課せられた仕事である」という意味のことを語られました。

小生は、「天正遣欧使節」に関し、村上博士以後、九〇年の長い歳月を閲してようやく、先生の御意志を全うされたとの思いに、深い感動を覚えます。よくよくこの日まで、深いご努力を重ね、歴史学界に大いなる業績を残されたものと、感謝の至りです。……

という内容であった。

筆者はこの松田博士の手紙を拝読して安堵の胸をなでおろしたのはもちろんであるが、それ以上にもっと研究に力を注ぎ、立派な成果を生み出さなければならないと新たな決意をした。それに先生は、従来「慶長遣欧使節」に関する美術史分野における独善的研究が支配的であった状況をあまり好ましく思われなかっただけに、本書で取り上げた二枚の支倉肖像画の加筆・改作疑惑の検証成果を大変喜んでくれた。ちなみに、筆者は松田博士が逝去して二年後の一九九九年七月五日、日本大学から「支倉六右衛門常長―慶長遣欧使節を巡る学際的研究―」（審査主査・日本大学教授秋山正幸博士、副査・東京大学名誉教授亀井俊介博士、東京大学教授五野井隆史博士〈いずれも当時〉）の論文で博士（国際関係）の学位を取得することができた。これもひとえに松田博士のご指導の賜物と深く感謝している。

話は変わるが、筆者の自宅の書庫には長い年月をかけてメキシコ、スペイン、イタリアなどで自ら採録した厖大な「慶長遣欧使節関連文書」が保管されている。これらの文書の翻刻および日本語への翻訳作業はまだ完成していない。二〇一三年一〇月の「慶長遣欧使節出帆四〇〇年記念」までに筆者がこれまで取り組んできた支倉研究の成果を総括した『慶長遣欧使節史料全集』を上梓することを生涯の目標にしている。

本書の執筆にあたっては内外の多くの方々の御協力、御援助を必要とした。とりわけ、史料収集面でお世話になった愛弟子の日本大学大学院国際関係研究科ＯＢの山村（旧姓大橋）知美さんに満腔の謝意を表したい。

最後に、本書の出版に際しては、株式会社雄山閣代表取締役社長宮田哲男氏および同社編集部次長久保敏明氏の懇篤なるご援助を頂いた。この場をかりて感謝の意を表したい。

二〇〇五年七月九日、成田―パリ間の機中にて

著者

本書の一部は平成十五年度および平成十六年度日本大学国際関係学部国際関係研究所の学術研究助成金を授与されて行ったものであるが、著者の研究に理解を示して下さった大学関係者に対し、深く感謝の意を表したい。

大泉 光一（おおいずみ・こういち）

1943年、長野県で生まれ、宮城県大河原町で育つ。宮城県角田高等学校卒業。日本大学（国際関係）博士。87年日本大学国際関係学部、同大学院国際関係研究科教授に就任、現在に至る。国立チリ大学、スペイン国立バリャドリード大学客員教授、バリャドリード大学アジア研究センター国際諮問委員、スペイン国立サンティアゴ・デ・コンポステラ大学大学院客員教授、国際経営文化学会副会長等を歴任。わが国における「危機管理学研究」のパイオニア。専門の国際経営論、危機管理論の研究の傍ら、40年以上にわたってライフワークの「慶長遣欧使節の研究」に従事している。キリスト教史学会会員。主な日欧・日墨交渉史関係著書は、『支倉六右衛門常長—慶長遣欧使節を巡る学際的研究—』『慶長遣欧使節の研究—支倉六右衛門使節一行を巡る若干の問題について—』『メキシコにおける日本人移住先史の研究』（以上文眞堂刊）、『支倉常長—慶長遣欧使節の悲劇—』（中公新書）、『メキシコの大地に消えた侍たち』（新人物往来社）など多数。

支倉常長 慶長遣欧使節の真相 —肖像画に秘められた実像—
（はせくらつねなが　けいちょうけんおうしせつのしんそう）

平成17年9月30日初版発行　《検印省略》

著　者　大泉光一
発行者　宮田哲男
発行所　株式会社雄山閣
〒102-0071　東京都千代田区富士見2－6－9
電話：03-3262-3231㈹　FAX：03-3262-6938
振替：00130-5-1685
http://www.yuzankaku.co.jp

組　版　高浜正憲
印　刷　亜細亜印刷
製　本　協栄製本

ISBN　4-639-01900-9 C1021　Printed in Japan 2005